MARCO POLO

RUSSLAND

Reiseführer mit Insider-Tips

Sechs Symbole sollen Ihnen die Orientierung in diesem Führer erleichtern:

★

für Marco-Polo-Tips – die besten in jeder Kategorie

für alle Objekte, bei denen Sie auch eine schöne Aussicht haben

für Plätze, wo Sie bestimmt viele Einheimische treffen

für Treffpunkte für junge Leute

(A 1)
Koordinaten für die Übersichtskarte

In sechs Regionen zeigt Ihnen die Marco-Polo-Route die schönsten Punkte

Diesen Führer schrieben Ulrich Stewen und Günther Wolfram, die Rußland von zahlreichen Reisen bzw. mehrjährigen Aufenthalten als Korrespondenten kennen.
Die Marco-Polo-Reihe wird herausgegeben von Ferdinand Ranft.

MAIRS GEOGRAPHISCHER VERLAG

MARCO POLO

Für Ihre nächste Reise gibt es folgende Titel dieser Reihe:

Ägypten
Algarve
Amsterdam
Andalusien
Antarktis
Athen
Australien
Baltikum
Bangkok
Barcelona
Bayerischer Wald
Berlin
Bodensee
Brasilien/Rio
Bretagne
Brüssel
Budapest
Capri
China
Costa Brava
Côte d'Azur
Dänemark
Deutschland · Ost
Dresden
Elsaß
England
Euro Disney
Feuerland/
Patagonien
Flandern
Florenz
Florida
Frankfurt
Frankreich
Frz. Atlantikküste
Fuerteventura
Gardasee
Gran Canaria
Griechenland
Gr. Inseln/Ägäis
Hamburg
Harz
Hawaii
Holland
Hongkong
Ibiza/Formentera
Indien
Ionische Inseln
Irland
Ischia
Island
Israel
Istanbul
Italien
Ital. Adria
Ital. Riviera
Japan
Jerusalem
Jugoslaw. Küste
Kalifornien
Kanada
Karibik:
Gr. Antillen
Kl. Antillen
Kenia
Köln
Korsika
Kreta
Lanzarote
Lissabon
Loire-Tal
London
Madrid
Mallorca
Malta
Marokko
Mecklenburger
Seenplatte
Mexiko
Moskau
München
Nepal
Neuseeland
New York
Norwegen
Oberbayern
Österreich
Ostseeküste:
Schlesw.-Holst.
Mecklbg.-Vorp.
Paris
Peking
Polen
Portugal
Potsdam
Prag
Provence
Rhodos
Rom
Rußland
San Francisco
Sardinien
Schottland
Schwarzwald
Schweden
Schweiz
Sizilien
Spanien
St. Petersburg
Südafrika
Südtirol
Sylt
Taiwan
Teneriffa
Tessin
Thailand
Tirol
Tokio
Toskana
Tschechische Rep./
Slowakische Rep.
Tunesien
Türkei
Türk. Mittelmeer-
küste
Ungarn
USA
USA: Neuengland
Venedig
Weimar
Wien
Zypern

Die Marco-Polo-Redaktion freut sich, wenn Sie ihr schreiben:
Marco-Polo-Redaktion, Mairs Geographischer Verlag
Postfach 31 51, D-7302 Ostfildern 4

Unsere Autoren haben nach bestem Wissen recherchiert. Trotzdem schleichen sich manchmal Fehler ein, für die der Verlag keine Haftung übernehmen kann.

Titelbild: Moskau, Goldene Kuppeln des Kreml (ZEFA)
Fotos: Janfot/Janicek (9, 17, 19); Lade/BiM (60, 65); Lade/Meissner (94); Lade/Rohr (67); Mauritius/Backhaus (54); Mauritius/De Foy (7); Mauritius/Dr. Kramarz (12, 46); Mauritius/Schmidt (68); Mauritius/Thonig (70); Mauritius/Torino (87); Mauritius/Westlight (78); Schapowalow/Backhaus (57); Schapowalow/Cora (24); Schapowalow/Nebe (29); Schapowalow/Scholz (34, 39, 45, 48); Schapowalow/Völker (14); Schuster/Explorer (51); Schuster/Meier (84); Schuster/Nebe (75); Schuster/Scholz (20, 90); Sperber (26); Transglobe/Branzi (Umschlagklappe vorn); Transglobe/Rowan's Collection (4)
1. Auflage 1993 © Mairs Geographischer Verlag/Hachette
Gestaltung: Thienhaus/Wippermann (Büro Hamburg)
Kartographie: Mairs Geographischer Verlag

Printed in Germany
Gedruckt auf 100 % chlorfrei gebleichtem Papier

INHALT

Entdecken Sie Rußland!

Die Tundra für Abenteurer, das Schwarze Meer für Erholungsuchende

Geografisch war Rußland schon immer gigantisch – unter den Zaren ebenso wie unter der Sowjetmacht –, und auch heute. Rußland war Kernland, andere Gebiete schlossen sich freiwillig an oder wurden durch Krieg, Annexion und politische Unterdrückung einverleibt. Rußland bringt den Hauptteil in die Gemeinschaft Unabhängiger Staaten ein. Mit welchem Staat der Erde wäre dieses Land vergleichbar? Rußland ist ein Kontinent, mehr als doppelt so groß wie Australien, fast fünfzigmal so groß wie Deutschland.

Wenn sich alle Vertreter der Russischen Föderation in der Hauptstadt Moskau treffen würden, müßte schon ein mittelgroßer Saal im Kreml freigemacht werden. Dann kämen die Abgesandten von über hundert Völkern und nationalen Minderheiten. Rußland ist ein Vielvölkerstaat. Den größten Anteil mit 81,5 Prozent haben freilich die Russen. In autonomen Gebieten und Kreisen leben Chanten und Mansen, Ewenken, Nenzen, Permjaken, Korjaken, Dolganen und Tschuktschen. Die kleinste Volksgruppe bilden die Enzen, die im Süden der westsibirischen Region Krasnojarsk siedeln und gerade 500 Personen zählen.

Die Attraktionen der russischen Städte sind die prunkvollen Kirchen und Klöster wie hier das Wallfahrtszentrum Sagorsk

Der äußerste westliche Punkt Rußlands liegt an der Grenze zu Polen unweit von Kaliningrad (Königsberg). Der am weitesten östliche Punkt auf dem Festland befindet sich am Kap Deshnew auf der Tschuktschen-Halbinsel. Fast 10 000 km mißt die Entfernung zwischen den Küsten der Ostsee in Europa und der Tschuktschen-See im Fernen Osten.

Wie weit liegen Rußland und Amerika auseinander? Gerade mal 85 km – die Beringstraße – trennen das russische Festland von der Küste Alaskas. Und noch vor 125 Jahren reichte die russische Herrschaft auf den nordamerikanischen Kontinent. Erst 1867 wurde Alaska für ein Trinkgeld von 7,3 Mio. Dollar an die USA verkauft.

Die Ost-West-Ausdehnung ist so gewaltig, daß sie mehr als 170 Längengrade mißt. Das Territorium des Landes erstreckt sich über elf Zeitzonen. Dämmert im Westen der Morgen, neigt sich im Osten bereits der Tag. Uhrenvergleich: Zehn Stunden beträgt der Zeitunterschied zwischen Sankt Petersburg und Anadyr im fernen Nordosten.

Der nördlichste Punkt befindet sich hinter dem Polarkreis am Kap Tscheljuskin in Sibirien. Und nur acht Grad vom Nordpol entfernt liegt die Rudolfinsel im Archipel Franz-Joseph-Land des Nordpolarmeeres. Den südlichsten Punkt bildet die Region Vladivostok am Japanischen Meer.

Rußland grenzt an zwölf Nachbarstaaten: Norwegen, Finnland, Estland, Lettland, Polen, Weißrußland, Ukraine, Georgien, Aserbaidschan, Kasachstan, Mongolei und China. Der kleinere Teil Rußlands liegt in Europa und wird im Osten vom Ural begrenzt, der größere Teil liegt in Asien und schließt Sibirien und den Fernen Osten ein.

Rußland verbindet Europa und Asien. Der deutsche Naturforscher Alexander von Humboldt sprach daher von Eurasien. Der asiatische Großraum ist durch die Ströme Ob, Jenissej und Lena, die in das nördliche Eismeer fließen, in drei Großräume gegliedert.

Über drei Millionen Ströme und kleinere Flüsse durchziehen das Land, und 200 von ihnen sind länger als 500 km. Einige fließen gemächlich durch das Tiefland, wie der Ob, andere ergießen sich tosend in Binnenseen – so wie der Angara-Fluß, der den tiefsten Süßwassersee der Welt, den Baikal, nährt. Doch der russischste von allen ist die Wolga (russ. Volga) – liebevoll »Mütterchen« genannt –, die in das Kaspische Meer mündet und ein Gigant unter den europäischen Flüssen ist. Mit ihren zahlreichen Nebenflüssen ist die Wolga zudem eine der wichtigsten Verkehrsadern Rußlands.

Was könnte die enormen Ausmaße des Landes besser veranschaulichen als ein Blick auf die breite Palette der Naturzonen? Unter der sengenden Sonne der tuwinischen Subtropen – an der mongolischen Grenze – trägt der aus Arabien stammende Feigenbaum Früchte. Am Kap Tscheljuskin aber treibt rauher Meereswind sogar im Hochsommer Eisschollen an die Küste und türmt sie zu Packeis. Da gibt es Regionen, in denen neun Monate im Jahr bitterkalter Winter herrscht, und dann wieder Gegenden, wo im Januar die Veilchen blühen.

Die Marco-Polo-Bitte

Marco Polo war der erste Weltreisende. Er reiste in friedlicher Absicht, verband Ost und West. Er wollte die Welt entdecken, fremde Kulturen kennenlernen, nicht zerstören. Könnte er für uns Reisende des 20. Jahrhunderts nicht Vorbild sein? Aufgeschlossen und friedlich sollte unsere Haltung in anderen Ländern sein. Dazu gehören auch Respekt vor Mensch und Tier und die Bewahrung der Umwelt.

WWF

Seit Jahrhunderten werden Häuser wie diese Datscha aus Holz gebaut

Rußland teilt sich in vier Klimazonen. Im äußersten Norden herrscht polares und subpolares Klima, gefolgt von zwei Zonen, die von kaltem bzw. gemäßigtem Kontinentalklima geprägt sind. Allein im tiefen Süden – an der Schwarzmeerküste etwa – wird es subtropisch. Ebenso abwechslungsreich präsentieren sich die Vegetationszonen. Während ein spärlicher Flechtenwuchs im hohen Norden gerade noch das Rentier ernährt, gedeihen im Süden Reis, an den Hängen des Kaukasus Tee, und in der fernöstlichen Primorje-Region wachsen Sojabohnen. Dort findet man auch den energiespendenden Ginseng, und im Wolgadelta blüht die Lotosblume. In der nördlichen Tundra mit Dauerfrostboden wachsen lediglich Flechten und Moose. Ausgedehnte Moore und Sümpfe trennen sie von der waldreichen Taiga, die sich quer durchs Land zieht. Hier wachsen Fichten und Kiefern, Lärchen und Birken. In den gemäßigten Regionen schließen sich Eichen, Weißbuchen, Eschen, Ulmen und Linden an. Rußland, das heißt Wald: Die Hälfte der weltweiten Holzvorkommen wachsen auf russischem Boden.

Eine alpine Gebirgsflora trifft man im Kaukasus und im Ural an. Ein Katalog der Tierwelt liest sich wie das Artenverzeichnis der größten zoologischen Gärten: Walroß, Seehund, Eisbär, Polarfuchs, Braunbär, Wolf, Luchs, Zobel, Hermelin, Elch, Reh, Wildschwein, Tiger, Leopard, Antilope, Hyäne, Mufflon, Steinbock und Rotwolf. In den Binnengewässern und Meeren sind über 1500 Fischarten nachgewiesen, von denen über 250 für den Fischfang Bedeutung haben.

Bis in die dreißiger Jahre waren Individualreisen nach Sowjetrußland noch möglich. Der erste »Führer durch die Sowjetunion« erschien 1925 und gab eine detaillierte Übersicht über die Städte Moskau, Leningrad, Charkov, Kijev (dt. Kiew) und Odessa. Reisen mit der Transsibirischen Eisenbahn haben der Reporter Egon Erwin Kisch und der Schriftsteller George Bernhard Shaw beschrieben.

Doch mit der politischen Abkapselung des Landes durch Intervention, Krieg und Nachkriegszeit waren solche Erlebnisse fast ausgeschlossen. Nur in der Gruppe konnte man nach 1956 über das Staatsunternehmen Intourist Städtereisen buchen, russische Landschaften kennenlernen und aus der Ferne einen Blick auf den sowjetischen Alltag werfen. Solche Reisen führten an Stätten der Revolution, zu Orten, an denen Gründungsvater Lenin gewirkt hatte oder der Opfer des Großen Vaterländischen Krieges (1941–45) gedacht wurde. Erst mit der Liberalisierung der achtziger Jahre durch Michail Gorbatschow ging auch eine Öffnung des Landes einher. Der Mythos vom Ausländer als Spion, der kommt, den sozialistischen Aufbau auszuspähen und sich mit undurchschaubaren Tricks den Sowjetmenschen zu nähern, verflog schnell.

Heute werden zahlreiche Besuchsprogramme auch von russischen Reisebüros angeboten. Über 800 ausländische Touristikunternehmen unterhalten Geschäftsbeziehungen zu Rußland. Immer noch ist es ein strapaziöses Unterfangen, Rußland auf eigene Faust zu erkunden. Das erfordert Zeit und eine genaue Vorbereitung, schon allein deshalb, weil beispielsweise Hotels im voraus gebucht werden müssen. Stets ist die Nachfrage größer als das Angebot. Immer noch fehlt es an Übernachtungsgelegenheiten.

Gruppen- und Pauschalreisen bieten dagegen viele Vorteile, Rußland kennenzulernen. Bislang hält Intourist fast noch ein Monopol bei der Betreuung ausländischer Gäste, doch schon haben private Anbieter Fuß gefaßt.

So bietet der Rußland-Tourismus auch ein Spiegelbild der politischen Landschaft des Landes, seiner Entwicklung und Erwartungen. Das europäisch-asiatische Land ist im Wandel, dessen Ziel sich erst langsam abzuzeichnen beginnt. Der Übergang von der totalitären Kommandowirtschaft zum Markt ist mit immensen Problemen verbunden, die dem Besucher auf Schritt und Tritt begegnen. Lange Schlangen

Der Winterpalast in Petersburg ist heute Teil des Kunstmuseums

vor Geschäften, in denen gähnend leere Regale stehen, gehören seit langem zum Alltag der Menschen. Offene Arbeitslosigkeit und gefährlich steigende Preise, auch für Güter des täglichen Bedarfs, drücken immer mehr Menschen in die Armut.

Doch es gibt auch eine andere Seite: Auf den Märkten *(Rynok)* wird ein reichhaltiges Angebot an Fleisch, Gemüse und Obst feilgeboten, teils aus den südlichen Nachbarländern der Gemeinschaft Unabhängiger Staaten, allerdings zu Preisen, die sich Einheimische nur selten leisten können.

All das erlebt der ausländische Besucher als Zuschauer. In den Hotels, die Devisen einnehmen, sind die Mahlzeiten geregelt. Hier kann sich der Charme der russischen Küche entfalten. Das sollte nicht darüber hinwegtäuschen, daß eine touristische Infrastruktur, wie sie der westliche Urlauber erwartet, erst im Entstehen ist.

Neugierige werden in Rußland auf ihre Kosten kommen: den goldenen Strand an der Küste des Schwarzen Meeres zu genießen oder weit hinter dem Ural das Land beiderseits der Lena-Ufer zu erkunden, im Nordkaukasus auf Skiern wedeln, Wildwasserfahren auf reißenden sibirischen Bergflüssen, mit dem Tragflügelboot über den Baikalsee brausen, die unendlichen Weiten Sibiriens auf Langlaufskiern oder die Kurische Nehrung zu Fuß zu durchqueren, selbst das Abenteuer einer Autofahrt – all das bietet der Kontinent Rußland.

»Für Touristen ist Sowjetrußland das interessanteste Land der Welt, und es wird mit jeder Woche, nein mit jedem Tag interessanter.« Das schrieb George Bernhard Shaw im Jahr 1929. Daran muß man heute keine Abstriche machen – nur einen: Sowjetrußland gehört der Vergangenheit an, die Russische Föderation geht neue Wege.

Geschichtstabelle

Ca. 4000 v. Chr.
Besiedlung des Kaukasus

600 n. Chr.
Erste urkundliche Erwähnung der Russen

700
Normannische Kaufleute, die Waräger, gründen Stützpunkte an den Handelsstraßen entlang von Dnepr und Wolga auf dem Weg nach Byzanz

862
Der Waräger Rurik beherrscht von Novgorod aus das nördliche Rußland

880
Sein Nachfolger Oleg erobert Kijev und vereinigt das nördliche und das südliche Reich (Kijever Rus)

988
Vladimir I. führt mit seiner Taufe das Christentum ein

1019–1054
Blütezeit unter Jaroslaw I., dem Weisen; das Reich wird bis zu den Karpaten ausgedehnt

1236–1241
Aus dem Osten vordringende Mongolen unterwerfen die russischen Fürstentümer

1380
Dimitrij Donskoi besiegt die Tataren, sein Großfürstentum reicht von Moskau bis zur Wolga

1547
Iwan IV. – der Schreckliche – wird »Zar und Selbstherrscher des ganzen großen Rußlands«

1598
Eroberung Sibiriens

1613
Mit Michail Romanow beginnt die Zarendynastie der Romanows, die bis 1917 herrschen

1654
Vereinigung Rußlands mit der Ukraine

1682–1725
Peter I. – der Große – reformiert und bindet das Land an Westeuropa; Rußland wird europäische Großmacht; Sankt Petersburg wird Hauptstadt

1762–1796
Katharina II. – die Große – tritt mit Reformen hervor

1812–1814
Napoleon bricht in Rußland ein; sein Feldzug endet in einem Fiasko; Rußlands Macht wächst nach dem Wiener Kongreß

1825
Der Staatsstreich liberaler Offiziere gegen die Zarenherrschaft – Dekabristenaufstand – wird niedergeschlagen

1861
Aufhebung der Leibeigenschaft

1881
Zar Alexander II. wird von Anarchisten ermordet

1903
Die in Rußland verbotene Sozialdemokratische Arbeiterpartei spaltet sich in Brüssel in Menschewiki (Minderheit) und Bolschewiki (Mehrheit)

1905
Niederlage Rußlands im Russisch-Japanischen Krieg

1914
Kriegserklärung Deutschlands an Rußland

1917, 15. März
Bürgerliche Revolution, Zar Nikolaus II. dankt ab und wird im Folgejahr ermordet

1917, 14. September
Ministerpräsident Kerenski erklärt Rußland zur Republik

1917, 7. November
Sozialistische Oktoberrevolution unter Lenin

1922
Ukrainische, weißrussische, transkaukasische und russische Sowjetrepubliken schließen sich zur Union der Sozialistischen Sowjetrepubliken – UdSSR – zusammen

1924
Stalin wird Nachfolger Lenins

1927–1939
Kollektivierung, Enteignung der Kulaken (freie Bauern), Massendeportationen nach Sibirien und politische Säuberungsaktionen kosten Hunderttausende Menschenleben

1939
Deutsch-sowjetisches Nichtangriffsabkommen (Hitler-Stalin-Pakt)

1941–1945
Deutschland überfällt die Sowjetunion (Großer Vaterländischer Krieg): 20 Mio. Tote, 25 Mio. Obdachlose, Tausende zerstörter Dörfer und Städte

1953
Tod Stalins; Nikita Chruschtschow wird Parteisekretär der Kommunistischen Partei

1956
Auf dem 20. Parteitag enthüllt Chruschtschow in einer »Geheimrede« die stalinistischen Verbrechen

1961
Juri Gagarin als erster Mensch im Weltraum

1964–1982
Regierungszeit von Leonid Breschnew

1979
Einmarsch sowjetischer Truppen in Afghanistan (Rückzug 1989)

1980
Dem Bürgerrechtler und Friedensnobelpreisträger Andrej Sacharow werden alle Bürgerrechte aberkannt, Verbannung nach Gorkij (bis 1986)

1985
Michail Gorbatschow kommt an die Macht: liberale Innenpolitik, Abrüstungsbemühungen

1986
Atomkatastrophe von Tschernobyl; Nationalitätenkonflikte

1991
Putsch konservativer Kräfte gegen Gorbatschow; Rußlands Präsident Jelzin verhindert dessen Absetzung und verbietet die Kommunistische Partei; die Sowjetunion löst sich auf; Rußland schließt sich mit zehn Republiken zur Gemeinschaft Unabhängiger Staaten – GUS – zusammen

Von Abakus bis Zwiebelturm

Ein altes Sprichwort lautet:
»Rußland ist groß, und der Zar ist weit«

Abakus
Auch im Zeitalter der Computer ist dieses alte Rechenbrett immer noch gebräuchlich. Häufig findet man es an Kassen in Geschäften, Hotels und Büros. Jede Reihe hat 10 Kugeln und entspricht jeweils einer Größenordnung – Einer, Zehner, Hunderter usw. Dann gibt es eine Reihe mit nur drei Kugeln, die für den Dezimalpunkt stehen. Meist geht die Rechenoperation so flink vor sich, daß der ungeübte Beobachter staunend dasteht und noch nicht einmal seinen Taschenrechner gezückt hat.

Aeroflot
Die staatliche Fluggesellschaft zeigt sich seit einiger Zeit flügellahm. Immer öfter müssen die Maschinen vom Typ Iljuschin oder Tupolev am Boden bleiben, weil der Treibstoff knapp ist. Doch eigentlich ist die Gesellschaft eine der ganz großen, was die Beförderungsleistung und das Streckennetz angehen. Allein das ehemalige Inlandnetz beträgt 630000 km. Manche Gebiete in Nordsibirien oder im Fernen Osten sind nur per Flugzeug erreichbar. Aeroflot ist auf allen fünf Kontinenten vertreten.

Die prächtigen Ikonen sind für Gläubige Mittelpunkt der Andacht

Baikal-Amur-Magistrale
Parallel zur Transsibirischen Eisenbahn wurde die BAM in Sibirien und dem Fernen Osten gebaut, von Ust-Kut an der Lena über Tynda nach Komsomolsk am Amur über 3200 km. Zwar schon in den 30er Jahren geplant, wurde mit dem Bau erst 1974 begonnen, um das sibirische Hinterland weiter zu erschließen. 142 Brücken von Längen teils bis zu 1000 m mußten errichtet werden. Der Schienenstrang führt über 600 km durch Sumpf- und Moorgebiet und 2000 km über Dauerfrostboden. Am Knotenpunkt Tynda, der »Hauptstadt« der BAM, beginnt eine fast 400 km lange Strecke, die nach Süden zur Transsib führt. 1984 wurde der »Jahrhundertbau« für abgeschlossen erklärt. Es gibt allerdings Zweifel, ob die Magistrale, die ohnehin nur einspurig ist, auf allen Strecken befahrbar ist.

Balalaika
Russisches Zupfinstrument mit dreieckigem Schallkörper. Überall, wo Volksmusik erklingt, trifft man dieses Saiteninstrument an. Die Balalaika wurde erstmals um 1700 als ukrainisches Instrument erwähnt.

Glasnost
Ein altes russisches Wort ist in den vergangenen Jahren dank Michail Gorbatschow in den internationalen Sprachgebrauch eingegangen. In der Übersetzung bedeutet es Öffentlichkeit, Bekanntgabe, auch Offenheit. Glasnost wurde zum Schlüsselwort für die kritische Bewertung der 70jährigen Geschichte der Sowjetunion und für den Übergang zu demokratischen Verhältnissen. Der Weg zur Reform des etablierten Systems wurde frei, als der Kongreß der Volksdeputierten – die ersten freigewählten Volksvertreter – den Artikel 6 der Verfassung der UdSSR abschaffte, der die führende Rolle der KPdSU, der seit 1920 einzigen Partei, festgeschrieben hatte. Bis dahin wurden alle politischen Entscheidungen im Politbüro gefällt und waren unumstößlich. Lediglich zweimal im Jahr trat der Oberste Sowjet – das Parlament – zusammen und verabschiedete die Beschlüsse ohne Gegenstimme. Erst mit Gorbatschow kamen Ende der achtziger Jahre die Verhältnisse ins Wanken. Der Prozeß der Demokratisierung erfaßte das ganze politische System, den bürokratischen Apparat in Partei, Verwaltung und Wirtschaft. Parteiengruppierungen entstanden, die Sitzungen des Parlaments wurden erstmals in Rundfunk und Fernsehen direkt übertragen. Im Kongreßpalast des Kreml kam es zu hitzigen Debatten. Die Öffnung Rußlands hatte begonnen.

Ikone
Rußland ist reich an Zeugnissen von Heiligenbildern. Man trifft sie in vielerlei Formen und Größen in Klöstern, Kathedralen und Museen an. Die Ikonenma-

In Soči am Schwarzen Meer gedeiht Tee auf großen Plantagen

lerei entstand als Zweig der byzantinischen Sakralkunst. Die Christianisierung des Kijever Rus brachte zahlreiche Maler aus Konstantinopel ins Land. Die Inhalte orientierten sich eng an religiösen literarischen Vorlagen – Bibel, Legenden und Hymnen. Die Vladimir-Susdaler Schule etwa brachte Zeichnungen mit weichem Kolorit in die Maltechnik. Bis ins 17. Jh. dominierte die Moskauer Ikonenschule, die vor allem durch Andrej Rubljov (1360–1430) ihre Blütezeit erreichte. Als Ikonostas bezeichnet man eine mit reichen Ikonen geschmückte dreitürige Bilderwand, die die Kirchengemeinde vom Altarraum trennt.

Intourist

Seit 1929 ist die sowjetische Reisefirma – offiziell »Unionsaktiengesellschaft für Auslandstourismus in der UdSSR« – für den Fremdenverkehr zuständig, für Empfang und Betreuung von Touristen. Mit seinen zahlreichen Kontakten auf allen Kontinenten ist das Unternehmen immer noch fast ein Monopolist in Rußland. Kein Kunststück also, zu den größten Reiseveranstaltern der Welt zu gehören. In 115 Städten unterhält Intourist Filialen und Büros, die in den vergangenen Jahren durchschnittlich fünf Mio. Touristen betreuten. Tausende von Reiseführern arbeiten in vielen Sprachen der Welt. Die Organisation ist am Ort nicht nur Auskunftsbüro. Sie vermittelt auch Eintrittskarten für Veranstaltungen aller Art, Hotelunterkünfte, Reiseanschlüsse und Mietwagen. Intourist ist gleichsam Mädchen für alles. In der Vergangenheit lief ohne die Firma nicht viel. Doch die Zeiten der Alleinherrschaft scheinen vorbei. Immer mehr private Reisebüros entstehen und machen Intourist Konkurrenz.

Kaviar

Kaum ein festliches Menü kommt ohne Kaviar aus, kaum ein Tourist kehrte ohne ein Gläschen heim. Die Eier – Rogen – des Störs werden durch Einsalzen zur Speise hergerichtet. Der Stör und andere Störfische kommen in großer Zahl in sibirischen Gewässern vor. Große Tiere liefern gar bis zu 50 kg der wertvollen Speise. Den russischen Kaviarhandel beherrschte lange Zeit die Stadt Astrachan am Kaspischen Meer.

Kreml

Viele alte Städte Rußlands können auf einen Kreml verweisen. Der bekannteste Kreml ist natürlich jener am Roten Platz in Moskau. Zwischen dem 12. und 15. Jh. entstanden diese festungsartigen Stadtteile als Kern von Ansiedlungen. Die »Burgstädte« sind meist bedeutende Architekturensembles mit Kathedrale, Kirchen, Glockenturm und häufig dem Sitz des Erzbischofs. Der Kathedralenplatz im Zentrum der Anlage war Versammlungsort, wo wichtige Entscheidungen getroffen, Urteile gefällt und auch vollstreckt wurden. Hier fanden Markttage statt, von hier zogen die Soldaten in den Kampf, hier wurden ihre Waffen gesegnet, hier ehrte man die Sieger und trauerte um die Toten.

Kwas

Keine Limonade der Welt kann es mit diesem uralten russischen

Erfrischungsgetränk aufnehmen. Kwas wird aus Schwarzbrotrinde, Hefe, Zucker und Rosinen hergestellt und oft auf der Straße aus weißen Tankwagen verkauft.

Kyrillische Schrift

Das slawische Alphabet ist seit dem 9. Jh. in Rußland gültig. Bereits damals gab es im Kijever Rus auf der Grundlage des von dem Slawenapostel Kyrill geschaffenen Alphabets eine Schrift. Die russische Sprache gehört ebenso wie die ukrainische und die weißrussische zur Familie der ostslawischen Sprachen. Mit der Sprachreform durch Zar Peter I. wurden die Voraussetzungen für die Entwicklung der russischen Literatursprache aus dem Kirchenslawischen geschaffen.

Nationalitätenkonflikte

Wo Konflikte mit kriegerischen Mitteln ausgetragen werden, kann das Reisen eine gefährliche Sache sein. Eine Warnung ist daher angebracht. Zur Zeit der Drucklegung sind die Brennpunkte noch außerhalb Rußlands oder in den Randgebieten. Ein zentrales Problem für die Beziehungen der Völker und Nationen des ehemaligen sowjetischen Imperiums ist die Frage der Grenzen zwischen ihren nationalstaatlichen Gebilden. Gegenseitige Gebietsansprüche reichen oft weit in die Vergangenheit zurück. Zuweilen sind sie auch durch engstirnigen Nationalismus hervorgerufen. In der Regel steckt jedoch dahinter das Ziel, willkürliche politische Festlegungen durch die frühere kommunistische Partei oder den Staat wieder rückgängig zu machen.

Manche Konflikte sind auf ethnische oder religiöse Ursachen zurückzuführen. In nationalem Hader entlädt sich die Unzufriedenheit der Menschen, die durch Not, Rechtlosigkeit oder fehlende soziale Perspektive begründet ist. Gewalttätige Auseinandersetzungen finden statt in der Dnjestr-Region, zwischen Moldava und Weißrußland, in Georgien zwischen den Anhängern des gestürzten Nationalistenführers Gamsachurdia und den gemäßigten von Eduard Schewardnadse. In Transkaukasien gehört der armenisch-aserbaidshanische Konflikt um das Schicksal von Nagorny-Karabach zu den größten Problemen, denen sich auch die russische Politik zu stellen hat.

Im Nordkaukasus – Teil Rußlands – spitzen sich derzeit die territorialen und ethnischen Streitigkeiten auf einem engen Raum zu. Das Gebiet umfaßt vier autonome Republiken, die nordossetische, die Republik der Tschetschenen und Inguschen, die dagestanische sowie die kabardinisch-balkarische Republik ferner die russischen Regionen Rostov, Stawropol und Krasnodar, dazu das karatschaisch-tscherkessische und das adygeische Gebiet. Bei diesen Bergvölkern handelt es sich um Muslime, bei denen die Freiheitsliebe tief verwurzelt ist und die, traditionellem Brauch folgend, Streitigkeiten oft mit Waffengewalt austragen.

Kenner der inneren Entwicklung Rußlands und der Staaten der neuen Gemeinschaft erwarten, daß die nationalistischen Emotionen zwar weiter schwelen und immer wieder offen auf-

Fackeln zeigen auf das, was unter der sibirischen Erde liegt: Öl

brechen, sich aber nicht zu einem Flächenbrand ausweiten werden. Manche vertreten die Ansicht, diese Form des Nationalismus sei ebenfalls eine Erscheinung der Übergangsphase.

Rubel

Der Rubel rollt nicht mehr, der Rubel humpelt. Immer noch ist er die Währung der meisten Staaten der GUS. Erste Erwähnung fand er 1315 – als gestempelter Silberbarren. Unter Zar Peter dem Großen wurde er als Silbermünze geprägt. Erst 1924 wurde der Silberrubel aus dem Verkehr gezogen. Für eine Übergangszeit von fast 50 Jahren gab es nur noch Papiergeld. Erst seit 1961 gibt es wieder Münzen in Kupfernickel. Ein Rubel entspricht 100 Kopeken. Die Inflation bringt es mit sich, daß die fast wertlosen Münzen heute kaum noch in Umlauf sind.

Rus

Woher stammt der Name »Rußland«? Im 9. Jh. gab es auf dem heutigen Gebiet Rußlands zwei riesige Staatengebilde, im Osten und in der Ukraine. Die slawischen Stämme im Westen und Norden dagegen lebten in kleinen Gemeinschaften ohne staatlichen Zusammenhang. Erst die Waräger – deutsch: »Verbündete im Krieg« –, die immer häufiger aus ihrer skandinavischen Heimat über die Ostsee in das Gebiet der Stämme vordrangen, lieferten den Anlaß. Der Name eines weiteren Reiches, das auf Druck von außen entstand, leitet sich von dem finnischen Wort »Rus« – Ruderer – ab. Nach langen Jahren der Unterdrückung und Tributpflicht, von Belagerung und Bruderzwist schaffte es der zum Christentum bekehrte Fürst Vladimir zur Jahrtausendwende, den Rus-Staat zu festigen. Das Reich des Kijever Rus erstreckte sich vom Ladoga-See im Norden bis zur Krim-Region, von der Weichsel bis zur Wolga.

Russisch-orthodoxe Kirche

Wer heute nach Rußland reist, merkt allenthalben, daß die Kirche lebendig ist. Die Gotteshäuser sind wieder gut besucht. Die Priester bleiben nicht mehr in den Kirchen, sondern gehen an die Öffentlichkeit. Vielerorts werden Heiligenbilder zum Verkauf angeboten. Einstige Mitglieder der allmächtigen kommunistischen Partei lassen sich taufen nach der Devise »Gospodi, pomilui«, Herr, erbarme Dich!

Vom 10. Jh. an setzte sich das griechisch-orthodoxe Glaubensbekenntnis von Byzanz aus auch im damaligen Rußland durch. Nach der Christianisierung unter Vladimir im Jahr 988 wurde in Kijev, später auch in Vladimir und Moskau, ein Metropolit eingesetzt. Heute nennt sich das kirchliche Oberhaupt Patriarch. Der Zar blieb bis 1918 »Erhalter der Dogmen und Hüter der Rechtgläubigkeit aller kirchlichen Ordnung«.

Über 70 Jahre war der christliche Glaube nach der Oktoberrevolution von staatlicher Seite bekämpft worden. Mit dem Leninschen Dekret vom 23. Januar 1918 wurde die Orthodoxie als Staatskirche liquidiert. Ihr Besitz wurde beschlagnahmt, Tausende Kirchen geplündert und als Hort der Agitation (»Religion ist das Opium des Volkes«) gebrandmarkt, Priester wurden in Lager geschickt. Von manchem Glokkenturm erklang statt dessen »Die Internationale«. Viele Kirchen wurden zu Getreide- und Warenlagern, zuweilen gar in Viehställe umgewandelt. Allein kunsthistorisch wertvolle Gotteshäuser blieben erhalten, wurden teils zu Museen umgestaltet oder restauriert.

Seit dem 1. Oktober 1990 gilt, durch Gesetz verkündet, wieder Religionsfreiheit. Und die Russen nehmen sie für sich in Anspruch. Kirchenoberhaupt Patriarch Alexi II., seit 1990 im Amt, will keine Verquickung von Kirche und Staat. Das Oberhaupt beharrt auf Selbständigkeit. 4000 Kirchengebäude hat die Kirche bislang vom Staat zurückerhalten, Tausende neuer Gemeinden sind entstanden.

Sputnik

Der erste künstliche Erdsatellit, der jemals gestartet wurde, war der russische Sputnik – deutsch: Weggenosse. Am 4. Oktober 1957 sah sich Staatschef Nikita Chruschtschow dem Ziel seiner Träume nahe, nämlich »die USA bald hinter sich (zu) lassen«. Diesem Zweck, die Vormachtstellung der Sowjetunion unter Beweis zu stellen, diente auch die Raumfahrt jener Tage. Bereits einen Monat später, am 3. November, brachte man den 2. Sputnik, an Bord die Hündin Lajka, in die Umlaufbahn. Die Vormachtstellung der Sowjetunion erwies sich freilich als nicht dauerhaft. Lajka verendete nach 5 Tagen an Sauerstoffmangel.

Transsibirische Eisenbahn

Täglich verläßt der legendäre Zug *Rossija* (Nr. 2) um 14 Uhr den Jaroslavler Bahnhof in Moskau, um nach 9302 km um 23.05 Uhr Ortszeit – sechs Tage später – Vladivostok am Japanischen Meer zu erreichen. Die längste durchgehende Bahnlinie der Welt – 5467 km sind elektrifiziert – führt über die Städte Jaroslavl, Perm, Jekaterinburg, Omsk, Novosibirsk, Irkutsk, Ulan-Ude, Tschita und Chabarovsk. Vor über 100 Jahren, im Mai 1891, begann man in Vladivostok mit dem Bau. Bereits drei Jahre später war die erste Teilstrecke nach Iman – 404 km – in Betrieb. Auch von Westen her wurde die Magistrale vorangetrieben. 1895/96 waren 89 000 Arbeiter an der Strecke beschäftigt. Pro Jahr wurden 650 km fertiggestellt, bis dann im Jahr 1905 das letzte Gleisstück verlegt war. Zunächst fuhr die Bahn eingleisig, berechnet auf drei bis vier Züge pro Tag in jede Richtung. Dann kam in den 30er Jahren eine Parallelstrecke hinzu.

Reiseveranstalter haben die traditionsreiche Bahn in ihrem Angebot. So kann es gelingen, von Westeuropa mit der Eisenbahn nach Japan zu reisen – fast.

Zwiebeltürme

Unübersehbar sind die Türme auf russischen Kirchen. Sie sind oft vergoldet und eine weithin sichtbare Zier von Stadt und Land. Es heißt, ihre Form sei eine Nachbildung von Helmen der Krieger aus dem mittelalterlichen Reich des Kijever Rus.

Jeder erkennt sie sofort: die Basilius-Kathedrale in Moskau

Sakuska, Smetana und Saures

Favoriten der russischen Küche sind Vorspeisen und Suppen

Essen

»Greif recht zu, das lieb' ich sehr, hier steht ein neuer Teller. Mach die Schüssel völlig leer, zwei sind noch im Keller.« Diese Sätze des Fabeldichters Krylow treffen zwei Wesenszüge der Tischsitten in Rußland: Man ißt gern, gut und üppig – und man animiert ebensogern Gäste dazu. Die moderne russische Küche ist rund 150 Jahre alt. Unverkennbar sind Einflüsse des Orients und der westeuropäischen – besonders der französischen – Küche, die im 17. und 18. Jh. die Speisen in den Salons bestimmte. Unter der Sowjetmacht flossen dann kulinarische Kostbarkeiten anderer Nationalitäten ein. So findet man heute auch ukrainischen *Borschtsch*, eine Suppe aus vornehmlich roten Rüben, oder georgische *Saziwi*, ein Kaltgericht aus Huhn oder Pute.

Zwei Dinge fallen dem Besucher, der zum ersten Mal in Rußland speist, gewiß verlockend auf: die abwechslungsreichen *Sakuski* (Vorspeisen) und die Vielzahl an *Sup* (Suppen) – süß oder sauer, heiß oder kalt.

Das klassische Menü in einem gehobenen Restaurant besteht aus Vorspeise, Suppe, Hauptgericht und Dessert. Im Vergleich zu manchen westeuropäischen oder asiatischen Küchen nehmen sich vier Gänge eher bescheiden aus, aber sie haben es in sich. Das beginnt schon mit der *Sakuska*. Kaviar, Lachs und Hering konkurrieren mit den feinsten Salaten aus Schinken, Zunge und Würstchen, mit Pasteten oder Fleisch- und Fischbällchen, mit Gurken, Tomaten und Knoblauch, frisch oder mariniert. Fast jeder Neuling langt bei der *Sakuska* so kräftig zu, daß für die kommenden drei Gänge nur noch wenig Platz bleibt.

Auch bei den Suppen sind der Phantasie keine Grenzen gesetzt. Richtig abgestimmt, paßt so ziemlich alles in den Suppentopf: Gemüse und Pilze, Fleisch und Fisch, Essig, Salz und Zucker, Graupen und Nudeln. Kalte Suppen haben neben heißen einen gleichberechtigten Platz.

Doch warum sollte man nicht nach weniger Bekanntem greifen, zum Beispiel *Stschi*, der Se-

Frisches Obst ist oft nur auf dem freien Markt der Bauern zu haben

niorin unter den Suppen? Seit über hundert Jahren kommt sie zu jeder Jahreszeit auf den Tisch. Hauptbestandteil ist frischer oder gesäuerter Weißkohl, verfeinert durch Sauerampfer, Brennesseln, grüne Äpfel, Pilze sowie verschiedene Kräuter und Gewürze. Die kräftige Brühe liefern Rind- oder Schweinefleisch.

Oder wählen Sie die *Ucha*, eine heiße Suppe aus zwei bis vier Arten Fisch, mit wenig Gemüse, dafür aber vielen Kräutern und Gewürzen wie Dill, schwarzem Pfeffer, Lorbeer und Estragon. An heißen Tagen ist die kalte *Okroschka* aus *Kwas*, einer gesäuerten Flüssigkeit aus Brot, mit Gemüse, Fleisch- oder Fischeinlagen eine erfrischende Empfehlung. Ihren Pfiff erreichen alle Suppen erst durch *Smetana*, eine sämige, saure Sahne.

Die Hauptgerichte sind dagegen beinahe weniger interessant. Es gibt reichlich Innereien, Kochfleisch und Geflügel – *Stroganoff* etwa, geschnetzeltes Fleisch mit Zwiebeln und Pilzen. Wer glaubt, mit *Kottleti* auf der Speisekarte etwas Bekanntes gefunden zu haben, wird feststellen, daß sich dahinter Hackfleisch verbirgt. Für den ausgefallenen Geschmack, aber auch für den größeren Geldbeutel, bieten sich Gerichte aus Forelle, Zander, Karpfen oder Wild an.

Die Kartoffel als Beilage spielt kaum eine Rolle. Konkurrenz machen ihre russische *Bliny* – goldgelb gebackene Hefepfannkuchen –, sibirische *Pelmeni* – Teigtaschen mit variantenreicher Füllung –, der Graupenbrei *Kascha* oder Brot. Zum Nachtisch wird häufig Tee mit *Warenje* gereicht, einer dünnflüssigen Marmelade aus Fruchtstückchen, oder auch Kaffee zu Torte und Keks. Sehr erfrischend ist *Kissel*, ein sämiger Fruchtsaft, der mit Kartoffelmehl angedickt ist.

Trinken

Die Palette der russischen Nationalgetränke ist so reichhaltig wie die Vegetation des Landes. Eines hat sich über alle Zeit- und Klimazonen hinweg durchgesetzt: der Tee. Damit jeder ihn in der gewünschten Stärke zubereiten kann, kommt ein Sud auf den Tisch und das heiße Wasser dazu aus dem Samowar. Veredelt wird mit Zucker, Zitrone oder *Warenje*. Frucht- oder Gemüsesäfte sind oft trüb, dickflüssig und ziemlich süß. Dagegen löscht *Kwas* hervorragend den Durst – ein Gebräu aus Schwarzbrot und Rosinen. Im Sommer wird das gewöhnungsbedürftige Getränk häufig auf der Straße angeboten. Zum Essen gehört Mineralwasser oder eine Karaffe mit Wasser. *Wodka*, grammweise ausgeschenkt, sollte vor allem bei der *Sakuska* nicht fehlen. Übrigens, bei aller Trinkfreudigkeit, die man den Russen nachsagt: Pur wird Hochprozentiges nicht getrunken, ein Imbiß muß immer dabei sein, und sei es nur ein Stück Brot. Wein und Weinbrand stammen häufig aus Georgien und Armenien.

Zu festlichen Anlässen gehört unbedingt eine Flasche Sekt. Beliebt ist der von der Krim mit leichtem Muskatgeschmack. Die Russen mögen ihn süß, aber auch halbtrocken, trocken oder besonders herb als *Brjut* kann man ihn bekommen – falls vorhanden. Doch das gilt für Speisen und Getränke gleichermaßen.

Hauptregel: Gewußt wo

Matroschkas und Lenin-Büsten sind keine Mangelware. Doch nicht alles ist seinen Preis wert

Neulinge unter den Rußlandreisenden werden sich zu Anfang fragen, ob es denn überhaupt Geschäfte gebe. Mangelwirtschaft, Läden ohne Auslagen, versteckt hinter Milchglas – scheinbar nur für Eingeweihte – und ohne die vertraute Werbung, das verheißt Kauffrust. Die wichtigste Frage ist also nicht *was*, sondern *wo*. Darin sind die Russen geübt und werden Ihnen kundige Ratgeber sein.

Berioskas (Birke) sind im allgemeinen Devisenläden unter staatlicher Leitung. Andere Läden, wo Sie in Mark oder Dollar zahlen, sind oftmals Gemeinschaftsunternehmen mit ausländischer Beteiligung. Rubel-Geschäfte sind ebenfalls immer noch häufig staatliche Betriebe.

In den meisten größeren Städten und Touristenzentren gibt es gleich mehrere Berioskas, zuweilen auch in den Hotels. Hier finden Sie Andenken und importierte Luxusgüter wie Kosmetika, Alkohol und Tabakwaren. Manche Läden haben sich auch spezialisiert, etwa auf den Verkauf von Pelzen, Büchern oder elektronischen Geräten. Russische Waren sind hier oftmals von höherer Qualität als anderswo. Frohlocken Sie nicht zu früh, wenn die Auslagen in Rubel-Preisen ausgezeichnet sind. Es handelt sich um Rubel zur kommerziellen Tauschrate, über die sich der Devisenpreis errechnet.

Für die staatlichen Geschäfte gilt die alte russische Regel: einkaufen am besten zu dritt. Jemand wählt die Ware aus, ein anderer stellt sich derweil in die Schlange an der Kasse, der dritte in die Schlange bei der Ausgabe. Doch hier reicht oft, erst einmal einen Blick in den Laden zu werfen, um womöglich festzustellen, daß es wenig zu kaufen gibt.

Ein Schnäppchen glauben zuweilen Reisende bei Schwarzhändlern machen zu können. Fellmützen, Kaviar, Lackkästchen, bedruckte T-Shirts, Armbanduhren und Militaria sind das übliche Angebot. Nicht immer sind die Offerten unschlagbar, auch wenn der Händler Stein und Bein schwört.

Matroschkas

Das Andenken aus Rußland ist nicht etwa der heimische Wodka,

Die klassischen Matroschkas gibt es auch in der Politikerversion

den es derzeit vielerorts nicht einmal mehr auf Bezugsschein gibt, sondern Matroschkas. Je mehr dieser bunt bemalten Schachtelpüppchen ineinanderstecken, um so kostbarer. Glasnost hat möglich gemacht, daß es Matroschkas heute auch in der Politikerversion – außen Gorbatschow und innen Jelzin und andere Politiker – gibt. Sie sind selten unter 1500 Rubel (etwa 25 Mark) zu bekommen, und über Geschmack läßt sich auch hier nicht streiten.

Kunstvoll Bemaltes
Auch bei den Lackmalereien aus Palech sollte man genau hinsehen. Die echten sind ihren hohen Preis allerdings wert. Die besten Stücke können schon einmal 3000 Mark kosten. Billiger und sicherer ist, sie gleich dort zu kaufen, wo sie hergestellt werden, in den Städten am Goldenen Ring. Preiswerter sind die Schalen, Becher und Löffel aus bemaltem Holz in Gold, Rot und Schwarz, die ebenfalls zahlreich in Berioskas angeboten werden.

Warmes Tuch und Bernstein
Eine große Auswahl gibt es an typischen Textilien aus Pavlovskij-Posad-Tuch, so benannt nach ihrem Herkunftsort. Sie sind preiswert und daneben ein nützliches Mitbringsel. In Rubel-Geschäften gibt es zuweilen Wolldecken, die aus Nachbarländern stammen und für die sich selten Ausländer interessieren. Zu Unrecht, denn oft sind die Muster ansprechend, die Qualität gut und die Preise bestechend. Bernstein aus dem Baltikum oder aus dem Gebiet Kaliningrad gibt es in Geschäften für Kunsthandwerk. Dort kann ein Ring oder Halsschmuck den gleichen Rubel-Preis kosten, den Sie in Berioskas in Dollar hinlegen müssen.

Musik
Für Musikinteressierte sind Schallplatten eine Empfehlung – CDs gibt es noch nicht. In *Melodia*-Geschäften, aber zuweilen auch in Kaufhäusern, finden Sie Klassik, russische Folklore, Rock und Pop zu unschlagbaren Preisen. Zumindest bis vor kurzem kostete eine Schallplatte noch nicht einmal 10 Rubel (zur Zeit weniger als 10 Pfennig). Eine Leerkassette dagegen ist kaum unter 400 Rubel zu bekommen. Doch wer sich Kassetten gleich mitbringt, kann sich für ein paar Rubel in den *Svukosapis* – kleinen »Straßenstudios« – Musik nach eigener Wahl kopieren lassen, wenn vorhanden.

Originelle Souvenirs
Mützen aus Kunstfell sind selten billiger als solche aus Kaninchenfell, rund 30 Mark in Berioskas, ein Bruchteil dessen in staatlichen Rubel-Läden. Bei anderen Fellen ist die Preisskala nach oben offen. Nostalgiker und Sammler finden in *Plakatij* -Geschäften Poster aus der alten Zeit, aber auch politische Plakate jüngsten Datums. Während die überdimensionalen Lenin-Statuen in vielen Städten verschwinden, sind Miniatur-Büsten noch allenthalben zum Schleuderpreis zu bekommen.

Die goldene Shopping-Regel: Wenn Sie etwas unbedingt haben möchten, kaufen Sie's. Warten Sie nicht auf bessere Gelegenheiten, es könnte keine geben.

Feuerwerk und Folklore

Beim Feiern ist die Oktoberrevolution noch lebendig. Kirchenfeste werden wieder begangen

Bis zur Revolution 1917 galten kirchliche Feiertage auch als staatliche. Denn der Zar war Oberhaupt von Staat und Kirche. Später gab es offiziell nur noch staatliche Feiertage, die sich über die Jahrzehnte allerdings mehrfach änderten. So spielte der 21. Dezember – *Stalins Geburtstag* – als Festtag des »Führers der Werktätigen der Welt« eine besondere Rolle. Der 5. Dezember war als *Tag der Verfassung* von 1936 bis 1977 Feiertag.

Der Jahrestag der *Großen Sozialistischen Oktoberrevolution* war einst das wichtigste Fest in allen Teilen der Sowjetunion. Da feierte man vom 7. bis zum 9. November. (Die Revolution fand nach dem damals gültigen Julianischen Kalender im Oktober statt.) Schon Wochen vorher probten die Veranstalter die Militärparaden und Festumzüge mit ausgewählten Werktätigen, aber auch privat stellte man sich auf diesen Tag ein: Fleisch, Wurst und Käse wurden besorgt; der Anlaß gebot, auch Wodka und Kaviar aufzutischen. Bei den Behörden herrschte vor den Festtagen bereits Stillstand. Kein Beamter war erreichbar, weil jeder mit allerlei Besorgungen beschäftigt war. Auf den vielen Lenin-Plätzen oder Plätzen der Oktoberrevolution in Stadt und Land fanden schließlich große Manifestationen statt, am Abend ging das Fest in den Familien mit Wodka, eingelegten Gurken und Knoblauch weiter. Höhepunkt war jeweils ein *Feierwerk* – eine verballhornte Übernahme aus dem Deutschen –, wobei oft weder Kosten noch Mühen gescheut wurden.

Über 70 Jahre war die Religion offiziell verboten. Seit dem 1. Oktober 1990 darf der Glaube auch wieder öffentlich gelebt werden

Kürzlich hat der Oberste Sowjet die Feiertage neu geregelt:

OFFIZIELLE FEIERTAGE

1./2. Januar *Neujahrstag*
7. Januar *Weihnachten*
1./2. Mai *Tag der Arbeit und Frühlingsfeiertag*
9. Mai *Tag des Sieges*
12. Juni *Tag der Souveränitätserklärung der Russischen Föderation*

MARCO-POLO-TIPS FÜR FESTE

1 Russischer Winter
Höhepunkt der russischen Konzert- und Theatersaison; Folklore pur in vielen Städten des Landes (Seite 29)

2 Osterfest
Besuchen Sie eine Kathedrale, und genießen Sie den imposanten Gesang des Chores (Seite 28)

7. November *Jahrestag der Großen Sozialistischen Oktoberrevolution*, an diesem Tag sind alle öffentlichen Gebäude, Museen und Ausstellungen geschlossen.

RELIGIÖSE FEIERTAGE

Die russisch-orthodoxe Kirche ist die größte Religionsgemeinschaft des Landes. Ihre wichtigsten Feste sind *Weihnachten* am 7. Januar und *Ostern*. Für die Kirche gilt nach wie vor der an dem reinen Sonnenjahr orientierte Julianische Kalender. Daraus erklären sich zeitliche Unterschiede.

Ostern

★ Das christliche Fest im März/April (Datum schwankt) ist der wichtigste und höchste Feiertag. Ab acht Uhr morgens und wieder ab sechs Uhr abends besuchen die Gläubigen Gottesdienste, zwischendurch gehen die Familien auf die Friedhöfe und bringen Eier, *Kascha* (Grütze) und ein Stück Brot zu den Gräbern. Manche stellen noch ein Gläschen Wodka hinzu. Heute kommen die Arbeitgeber den Gläubigen entgegen, genehmigen zu Ostern Urlaubstage oder gestatten Nacharbeit.

BESONDERE VERANSTALTUNGEN

Festival des Nordens

In der letzten März-Woche finden in Murmansk und Umgebung zahlreiche Veranstaltungen statt, in deren Mittelpunkt Rentierrennen und Skimarathon stehen.

Herbst in Soči

Das Musikfestival vom 17. bis 19. September an der Schwarzmeerküste findet zur Traubenernte statt. Hier, in dem beliebtesten Kurort Rußlands, treten dann

Treffpunkt Grenzpfahl

Am ersten Sonntag im Februar ist ein Grenzpfahl an der Trennlinie zwischen Europa und Asien Treffpunkt ungezählter Wanderfreunde. Rund 40 Kilometer von Jekaterinburg — ehemals Sverdlovsk —, an der Kreuzung zahlreicher Wanderwege, wird Wald und Flur zum Festplatz. Besucher aus allen Gegenden Rußlands treffen sich hier, tauschen kleine Geschenke und Abzeichen aus, knüpfen Bekanntschaften. Höhepunkt des Tages ist eine gemeinsame Skiwanderung durch das winterliche Uralgebirge.

Sänger und Tänzer aus allen Teilen des Landes auf.

Jaroslavskije Sori

Am 1. August gibt es das traditionelle Festival klassischer Musik in der Philharmonie von Jaroslavl, an dem auch ausländische Künstler teilnehmen.

Poesiefest von Karabicha

Auf dem Landsitz des russischen Dichters Nekrassow bei Jaroslavl findet jeweils am 2. Samstag im Juli ein Dichterfest unter freiem Himmel statt. Dabei wird aus den Werken Nekrassows gelesen, Poeten tragen mit viel Pathos eigene Arbeiten vor.

Puschkin-Festival

Am ersten Wochenende im Juni findet auf dem ehemaligen Anwesen *Michailowskoje* der Familie Puschkin – heute ein Museum – ein Gedenkfest zu Ehren des Dichters statt. Auf das Gut 150 km südlich von Pskov, war Alexander Puschkin 1824 verbannt worden. So geriet er nicht in den Verdacht, wegen seiner Sympathien in den Dekabristenaufstand verwickelt zu sein.

Russischer Winter

★ Zwischen dem 25. Dezember und dem 5. Januar findet dieses Kunst- und Folklorefest in vielen Orten des Landes statt. Für die Theater sind diese Tage Höhepunkte ihrer Arbeit. Dann werden die besten Inszenierungen vorgestellt, in den Konzertsälen gibt sich die Creme des Gesangs und der Musik ein Stelldichein. Die Festtage im Freien haben ihren besonderen Reiz. Manchmal haben Besucher das Glück und können sich auf einem dreispännigen Schlitten – Troika – zu den Auftrittsorten der Volkschöre fahren lassen, die altrussische, schwermütige Weisen anstimmen. Bei der Ankunft werden Pfannkuchen, das Honigbier *Medowucha* und andere Köstlichkeiten gereicht.

Sabantui

Bei Kazan an der Wolga finden Ende Juni diese traditionellen Ringerwettkämpfe der Tataren statt. Seit Jahrhunderten erhält der Sieger als Prämie einen lebenden Hammel. Der Wettbewerb endet mit wagemutigen Reiterspielen.

Die Theater und Kultursäle Sočis sind Träger des Musikfestivals

EIN KURZBESUCH

Während der Zug rauh über die Gleise rattert und zu beiden Seiten düster-graue Vororte vorbeiziehen, wenn das klapprige Taxi mühsam den Schlaglöchern des Leningradskij-Prospekts ausweicht, dann kommt wohl kaum das Gefühl auf, zu Besuch in der Nummer sechs der weltgrößten Städte zu sein. Glanz und Farbe einer Metropole vermißt man ebenso wie die Geschäftigkeit von Restaurants und Läden. Die voluminösen Bauten der Stalin-Ära lassen da schon eher ahnen, daß hier einst die Kommandohöhe eines politischen Systems war, das zur Weltordnung werden wollte.

Kaum eine andere Stadt in Rußland spiegelt den Umbruch drastischer als der 9-Millionen-Moloch Moskau. Abseits der Hauptstraßen und hinter den Fassaden der Prachtbauten im Stil des sozialistischen Realismus trifft man auf versteckte Restaurants und offene Gastfreundschaft, ein paar Schritte abseits der endlosen Autoschlangen finden sich kleine verträumte Parks, die zum Entspannen einladen. Deshalb nennen überzeugte Städter – etwa aus St. Petersburg – ihre Hauptstadt auch liebevoll großes Dorf.

In der Tat ist Moskau geschichtlich ein Zusammenschluß von Dörfern mit eigenem Charakter, die sich auch heute noch erkennen lassen.

BESICHTIGUNGEN

Kreml

Mit dem Bau der alten Festungsanlage begann die Stadtgeschichte Moskaus. Das war Mitte des 12. Jhs. Nach Zerstörung und Wiederaufbau ließ Iwan III. zum Ende des 15. Jhs. den Komplex mit einer roten Backsteinmauer umgeben. Noch zweimal geriet der Kreml später in Gefahr. Doch Geldnöte hinderten Katharina die Große in den siebziger Jahren des 18. Jhs. daran, nach eigenen Plänen eine völlige Umgestaltung zu wagen. Und Napoleons Truppen wurden in letzter Minute davon abgehalten, die gesamte Anlage zu vernichten, als sie sich 1812 zurückziehen mußten. *Tgl. 10–17 Uhr, Metro: Biblioteka Lenina*

Roter Platz

Dieser ehemalige Marktplatz ist das geschichtsträchtige Zentrum Moskaus, rund 400 m lang und 150 m breit. Das *Historische Museum* am Nordende begeht 1993 sein hundertjähriges Bestehen. Am gegenüberliegenden Ende erhebt sich die orientalisch anmutende *Basilius-Kathedrale,* die Ivan IV. zur Mitte des 16. Jhs. erbauen ließ. Vom *Kaufhaus Gum* aus blickt man auf das von einer Ehrenwache gehütete *Lenin-Mausoleum* aus rotem Porphyr und schwarzem Granit und die dahinter liegende *Ehrentribüne,* von der in der Vergangenheit die Staatsprominenz Paraden abnahm. *Metro: Biblioteka Lenina*

MUSEEN

Andrej-Rubljov-Museum

Das im 15. Jh. errichtete Andronikov-Kloster beherbergt Kopien der Arbeiten des Mönchs Rubljov (1370–1430), der als einer der bedeutendsten Ikonenmaler seiner Zeit gilt. *Tgl. 11 bis*

18 Uhr, außer Mi, Pl. Prjamikova 10, Metro: Kurskaja

Tretjakov-Galerie

★ Die größte Sammlung russischer Kunst, die heute fast 50 000 Exponate umfaßt, geht auf zwei Kaufleute, die Brüder Pavel und Sergej Tretjakov, zurück, die sich im vergangenen Jh. als Kunstmäzene einen Namen machten. Hier finden sich auch die Originale der Arbeiten Andrej Rubljovs neben Ikonen aus dem frühen Mittelalter und russischer Malerei aus dem 18. Jh. bis in die Neuzeit. Rubljovs Ikone „Heilige Dreifaltigkeit" gilt als das herausragende Werk der Ikonenmalerei. Das Bildnis stammt aus dem Dreifaltigkeit-Sergius-Kloster in Sergiev Posad. *Tgl. 10–20 Uhr, außer Mo, Lavruschinskij Per. 10, Metro: Novokusnezkaja.*

EINKAUFEN

Arbat

In diesem ehemaligen Adelsviertel liegt die einzige Fußgängerzone der Stadt. Hier geben sich Antiquitätenhändler und Getränkeverkäufer, Musikanten und Poeten, Straßenkünstler und Sektenprediger, Einheimische und Fremde ein Stelldichein. Man schlendert vorbei an Cafés und Eisdielen, Buch- und Postergeschäften. Bei aller Faszination sollte man es jedoch nicht versäumen, auf seine Geldbörse zu achten. *Metro: Arbutskaja, Smolenskaja*

Kaufhaus Gum

Das legendäre Kaufhaus Gum am Roten Platz mit seiner beeindruckenden Architektur ist völlig renoviert und bietet japanische Autos, amerikanische Computer, französische Textilien und deutsche Lebensmittel an. Nur wenige Schritte entfernt stehen Menschen dichtgedrängt in langen Schlangen und bieten eigene oder erworbene Habseligkeiten an. *Krasnaja Pl. 3, Metro: Pl. Revoluzij, Pr. Marxa, Pl. Swerdlowa*

RESTAURANTS

National

Hotel im Jugendstil mit Blick auf den Roten Platz und den Kreml. Traditionelle Küche, sehr gut sind die Fisch-Vorspeisen. *Tgl. 7–18 Uhr, 19–23 Uhr, Ul. Gorkowa 1, Tel. 203 55 50, Metro: Prospekt Marxa*

Margarita

Der Kuchen dieses kleinen Cafés ist immer sehr gut – die warmen Gerichte nur manchmal. Bezahlt wird in Rubel. *Tgl. 12–23 Uhr, außer 16–17 und 20–21 Uhr, Ecke Malaja Bronnaja 28/Malyi Kozichinskij Per., Metro: Majowskaja*

HOTELS

Metropol

Das im Jugendstil erbaute Hotel ist seit 1991 wieder geöffnet. *Pr. Marxa, 400 Zi., Tel. 225 62 12, Metro: Pl. Sverdlova*

Rossija

Von diesem größten Hotel der Stadt aus genießen Sie einen Blick auf den Kreml und den Roten Platz. 5000 Betten, einfache Ausstattung. *Ul. Razina 6, Tel. 298 55 00, Metro: Pl. Nogina*

Alles Wissenswerte über Moskau finden Sie im MARCO-POLO-Band »Moskau«

EIN KURZBESUCH

Als Zar Peter der Große mit der Gründung der Stadt 1703 Rußland ein »Fenster zum Westen« öffnete, konnte er nicht ahnen, daß dieser Ruf dem späteren Leningrad einmal fast zum Verhängnis hätte werden können. Die einstige Hauptstadt des russischen Reiches, 700 km norwestlich von Moskau an der Neva-Mündung gelegen, galt immer schon als offenherzig, intellektuell und widerspenstig. Grund genug für Stalin, Leningrad vielerlei Schikanen auszusetzen. Doch während Moskau die architektonischen »Säuberungen« über sich ergehen lassen mußte, blieb die zweitgrößte Stadt glücklicherweise davon verschont.

Fünf Millionen Einwohner zählt St. Petersburg, das 1914 in Petrograd umbenannt wurde, nach Lenins Tod im Jahr 1924 Leningrad hieß und seit 1991 wieder seinen alten Namen trägt. Schwieriger wird es für den Besucher, sich an die vielen neuen – alten – Straßennamen zu gewöhnen, die aus vorrevolutionärer Zeit übernommen werden. Doch mit ein wenig Glück findet man im Russischen Museum *(Ul. Inshenernaja 4/2)* unweit des Nevski Prospekts die Broschüre »Petersburg/Leningrad alt und neu«, eine gute Orientierungshilfe.

Auf der Höhe von Alaska gelegen, scheint die Sonne mittsommers nicht unterzugehen, und die »Weißen Nächte« von St. Petersburg ziehen viele einheimische wie ausländische Besucher an. Im Winter dagegen, wenn die Neva vereist ist, werden die Schlangen an den touristischen Sehenswürdigkeiten kürzer und an den Lebensmittelgeschäften länger. Auch wenn der Verfall der Stadt allenthalben sichtbar ist und enorme Anstrengungen nötig sind, St. Petersburg wieder seinen alten Glanz zu verleihen, wird kaum ein Einwohner ein Wort der Kritik finden.

BESICHTIGUNGEN

Peter-Pauls-Kathedrale

Die Kirche, die in der gleichnamigen Festung auf einer kleinen Insel an der breitesten Stelle der Neva liegt, war nach 21jähriger Bauzeit 1733 fertiggestellt worden. Die vergoldete Turmspitze ziert in 122 m Höhe ein Engel. In dem Barock-Inneren sind mit wenigen Ausnahmen alle russischen Zaren beigesetzt. *Tgl. 11 bis18 Uhr, außer Mi und am letzten Di im Monat, Metro: Gorkovskaja, im Lenin-Park*

MUSEEN

Eremitage

★ Ein Teil dieses Kunstmuseums, das wohl zu den berühmtesten der Erde zählt, ist im Winterpalast untergebracht. Die Gründerin Katharina II., die die Sammlung Peters des Großen durch umfangreiche Käufe in ganz Europa fortsetzte, hatte sich die an den Winterpalast anschließende Kleine Eremitage errichten lassen. Den dritten Komplex bildet die Alte Eremitage. Schon allein die prächtige Innenausstattung der Säle kann den Besucher tagelang fesseln, die überbordende Fülle an Meisterwerken und Kunstschätzen ist überwältigend. *Tgl. 10.30 bis 18 Uhr, Haupteingang an der Flußseite des Winterpalastes, Dvortsovaja Nab.*

Russisches Museum
Nach der Tretjakov-Galerie in Moskau findet sich hier die gewiß zweitwichtigste Sammlung russischer Kunst – Ikonen besonders der Novgoroder Schule, Malerei und Plastiken –, die ihren beträchtlichen Umfang nicht zuletzt auch der Übernahme zahlreicher Privatsammlungen nach der Oktoberrevolution verdankt. *Tgl. 10–18 Uhr, außer Di, Ul. Inshenernaja 4/2, Metro: Nevski Pr.*

EINKAUFEN

Märkte
Die acht Märkte der Stadt sind 12 Stunden täglich geöffnet. Von besonderem Interesse ist der Kusnetschni-Markt. Auf diesem Kolchosmarkt kann man frisches Obst und Gemüse, Fleisch und Schnittblumen erstehen, für viele Petersburger seltene Genüsse. *Kusnetschni Per. 3, tgl. 8–12, So 8–16 Uhr, Metro: Vladimirskaja*

HOTELS

Grand Hotel Europe
Das ehemalige Jevropejskaja wurde 1991 als erstes Fünfsternehotel Rußlands von einer schwedischen Hotelkette unter seinem ursprünglichen Namen wiedereröffnet. *Ul. Brodskogo 1/7, Tel. 3 12 00 72, Doppelzimmer ab 360 Mark*

Moskva
Kleine, aber modern eingerichtete Räume. Es gibt mehrere Restaurants und eine Rubel-Bar im zweiten Stock. *Pl. Alexandra Nevskogo 2, Tel. 2 74 95 05, Doppelzimmer 220 Mark*

St. Petersburg
Das ehemalige Leningrad-Hotel bietet von der ersten Etage aus einen faszinierenden Blick über die Neva auf die Eremitage. *Viborgskaja Nabereshnaja 5/2, Tel. 5 42 94 11, Doppelzimmer 220 Mark*

RESTAURANTS

Neva
Live-Musik und Tanz bietet das versteckt gelegene Restaurant bis Mitternacht. Die pompöse Aufmachung kann allerdings nicht über die bescheidene Qualität der Speisen hinwegtäuschen. *Nevski Pr. 46, Tel. 1 10 59 80, tgl. 12–17, 19–24 Uhr, außer Mi*

Tet-a-Tet
Hier wird auf Äußeres geachtet. Dafür gibt es dann aber auch dezente Klaviermusik und gute russische Küche. *Tgl. 13–18 Uhr, 20–1 Uhr, Bolschoi Pr. 65, Tel. 2 32 75 48*

AM ABEND

St. Petersburg gilt als die russische Rockmetropole und ist die Heimat zahlreicher auch in westlichen Ländern bekannt gewordener Gruppen wie Akvarium, Alisa oder Kino. Auftrittsorte sind vor allem der *Lenin Sport-Konzert-Komplex, Prospekt Juria Gagarina 8, Metro: Park Pobedy* oder der *Kirov Kultur-Palast, Bolschoi Prospekt 83*

Alles Wissenswerte über die Stadt St. Petersburg finden Sie im MARCO-POLO-Band »St. Petersburg«

In die Schatzkammer der Russen

Beim Besuch der alten Städte erschließt sich die Seele Rußlands

Ausgangs- und Endpunkt einer 719 km langen Reise durch die Städte des alten Rußlands ist Moskau (russ. Moskva). Entlang des Goldenen Rings scheinen die Perlen russischer Architektur und Kunst wie zu einem Schmuckstück aufgereiht. Die Bezeichnung wurde etwa Ende des 19. Jhs. geprägt.

Hier ist die russische Kultur seit altersher verwurzelt. Stadtmauern, Festungsgräben, Kirchen aus weißem Gestein, Meisterwerke der Holzbaukunst sind ebenso gut erhalten wie Fresken und Ikonen in den Kathedralen und Museen. Viele Stadtkerne stehen heute unter Denkmalschutz. Besonders reizvoll ist ein Besuch dieser mittelrussischen Landschaft im Spätsommer oder zur Winterzeit.

IVANOVO

Die heutige Industriestadt (500 000 Ew.) ist die jüngste auf dem Goldenen Ring und ist noch nicht sehr auf Touristen eingestellt. Um die Wende zum 20. Jh. war das »russische Manchester« ein Zentrum der Arbeiterbewegung.

Archäologische Ausgrabungen in der Region haben ergeben, daß bereits im 2. Jh. v. Chr. ugrisch-finnische Stämme hier gelebt haben. Ivanovo wird erstmals 1561 erwähnt, 1871 erhielt die Ansiedlung Stadtrechte.

Eng verbunden ist die Entwicklung der Stadt mit der Textilproduktion, vor allem mit der Verarbeitung von Baumwolle. 1742 war hier die erste Weberei eröffnet worden. Russisches Leinen aus Ivanovo war bei englischen Kaufleuten begehrt, bedruckte Stoffe aus der hiesigen Manufaktur hatten Weltruf. (C 3)

Die Mariä-Himmelfahrts-Kathedrale ist das Wahrzeichen von Vladimir

BESICHTIGUNGEN

Haus des 1. Sowjet
Das Museum erzählt von den Traditionen der Arbeiter, dem 72 Tage dauernden Streik im Jahr 1905 und der Niederschlagung durch die zaristische Polizei. *Ul. Lenina 27, tgl. 10–18 Uhr, außer Mo*

Scheremetjew-Haus
Graf Scheremetjew, nach dem der internationale Flughafen Moskaus benannt wurde, war einst Eigentümer der Ortschaft. Zu Beginn des 19. Jhs. errichtete er hier ein repräsentatives Anwesen im Stil des Spätklassizismus. *Ul. Krutizkaja 33*

MUSEUM

Heimatmuseum
Eine kenntnisreich präsentierte Sammlung bedruckter Stoffe und Stickereien belegt die Kunstfertigkeit der hier ansässigen Weber, Färber und Sticker. *Ul. Baturina 6/40, tgl. 11–18 Uhr, außer Mo*

HOTELS

Sowjetskaja
Hotel mit Restaurant Rossija, *Pr. Lenina 4, Tel. 785 57*

Turist
Hotel mit großem Restaurant mit russischen Spezialitäten; *günstig an der Uferstraße im Stadtzentrum gelegen.*

Hotels und Restaurants

Wer Rußland besuchen will, bucht in der Regel eine Pauschalreise. Für den Individualtourismus ist das Land noch nicht geeignet. Die tiefgreifenden gesellschaftlichen Veränderungen betreffen auch den Tourismus. Was heute gilt, ist morgen schon überholt. Der Verfall des Rubel läßt keine verläßlichen Preisangaben zu. Hotels geben oft keine Informationen über Ausstattung, Zimmerzahl und Telephonnummern. So mußten in diesem Reiseführer leider ein paar Lücken bleiben. Wir haben außerdem darauf verzichtet, die Hotels und Restaurants zu kategorisieren:

Hotelpreise

Außerhalb Moskaus und St. Petersburgs gibt es mit wenigen Ausnahmen nur Hotels der Mittelklasse, die mit westlichen Standards gleichzusetzen sind: 190–290 Mark pro Person im Doppelzimmer, 145–180 Mark für ein Einzelzimmer

Restaurantpreise

Wo Rubel-Preise gelten, sollte man für zwei Personen umgerechnet 15 Mark für ein Essen veranschlagen. Restaurants sind noch recht rar in Rußland. Aber die meisten Hotels verfügen über ein eigenes Restaurant.

Wichtige Abkürzungen

Bl.	Bulvar (Boulevard)
Nab.	Nabereschnaja (Uferstr.)
Per.	Pereulok (Weg)
Pl.	Ploschadj (Platz)
Pr.	Prospekt (Allee)
Ul.	Uliza (Straße)

MARCO-POLO-TIPS FÜR DEN GOLDENEN RING

1 Jaroslavl
Einst reichste und bestgeschützte Klosteranlage (Seite 38)

2 Susdal
Susdal – unter Denkmalschutz – ist ein einziges Museum. Viele schmucke Holzhäuschen sind erhalten (Seite 44)

3 Sergiev Posad
Ein Zentrum der russisch-orthodoxen Kirche (Seite 43)

4 Vladimir
In der Mariä-Himmelfahrts-Kathedrale wurden Großfürsten gekrönt. Hier trifft man viele Gläubige (Seite 47)

ZIEL IN DER UMGEBUNG

Palech

Ein Besuch in der Siedlung Palech, 63 km östlich von Ivanovo, macht Sie mit einem weithin berühmten Zentrum der Lackmalerei auf Pappmaché bekannt. Einst arbeiteten in den farbigen Holzhäuschen Ikonenmaler, die diese Maltechnik entwickelt hatten. Das *Museum für Lackminiaturen* gibt einen guten Überblick. *Ul. Baklanova 50. Ein Hausmuseum des Begründers der modernen Palecher Miniaturmalerei,* Iwan Golikow (1887–1937), liegt in der *Ul. Lenina 2.* Die kleine Gaststätte *Palech* haben Künstler des Ortes mit heimatlichen Motiven bemalt. Der vielbesuchte Ort ist so winzig, daß man geradezu in die gleichnamige Gaststätte fällt. (C 3)

JAROSLAVL

Jaroslavl (680 000 Ew.) ist besonders wegen der imposanten Kaufmannskirchen und dem sehr schön restaurierten alten Stadtkern eine Empfehlung. Nach der Legende soll Fürst Jaroslavl Mudry – der Weise – aus Kijev sich im Jahr 1010 mit einem übermächtigen Bären angelegt und ihn mit der Streitaxt getötet haben. So trägt die erste Stadt an der Wolga noch heute den Bären in ihrem Wappen. Bereits im 16. Jh. besaßen Engländer in Jaroslavl ein Warenhaus mit Stoffen, Zucker, Gewürzen und Waffen. Im 17. Jh. wuchs die Stadt zum wichtigsten Zentrum neben Moskau und war ein Knotenpunkt bedeutender Handelswege. Kein Wunder, daß die Moskowiter den Ort förderten, zeitweilig war Jaroslavl gar Hauptstadt Rußlands. Die reiche Kaufmannsgilde stellte viel Geld zum Bau monumentaler Steinkirchen zur Verfügung, um den Glanz der Stadt zu mehren. Im 17. Jh. wurden so über 30 Kirchen errichtet, von denen viele erhalten sind. Die Gotteshäuser und die Kaufmannsvillen künden von der letzten Blütezeit der altrussischen Baukultur.

Im 18. Jh. verlor die Stadt ihre Bedeutung, weil Zar Peter I. St. Petersburg ausbaute. So konzentrierte sich die Stadt auf die Entwicklung des Binnenhandels und schuf eine starke Manufaktur: Webereien, Gerbereien und Waffenproduktion. 1792 lebten über 18 000 Einwohner in Jaroslavl, es gab fast so viele Leibeigene wie Kaufleute. In der 2. Hälfte des 19. Jhs. war die Bevölkerung bereits auf 100 000 Menschen angewachsen. Die Stadt zählte zu den am weitesten entwickelten Städten des damaligen Europa. Ausdruck dieser wirtschaftlichen Verhältnisse war die Gründung des ersten russischen Berufstheaters im Jahr 1750 und die Herausgabe der ersten russischen Provinzzeitschrift 1786. (C 3)

BESICHTIGUNGEN

Befestigungsanlagen

Reste der alten Stadtmauer sind im Zentrum noch erhalten. Zwei Türme sind übriggeblieben, der Arsenalturm an der Uferstraße der Wolga und der Snamenskaja-Turm nahe dem *Hotel Jaroslavl.* Zu Zeiten von Zar Peter I. wurde hier eine Sondersteuer von Reisenden erhoben, die einen Bart trugen.

Christi-Geburt-Kirche

Die Kirche wurde 1644 von den reichen Kaufmannsfamilien Nasarjew und Gurjew am Wolga-Ufer errichtet. *Ul. Kedrowa 1*

Christi-Verklärungs-Kloster

★ Das Kloster ist im 12. Jh. am Ufer des Flusses Kotorosl, einem Seitenarm der Wolga, errichtet worden und galt im 15. Jh. als eines der reichsten Klöster und als eine der bestgeschützten Anlagen Rußlands. 3 m dicke und teils 10 m hohe Mauern mit Wachtürmen und Schießscharten umgeben den Komplex. Durch die Haupteinfahrt des Heiligen Tores – vom Podbelski-Platz – gelangt man in den Paradehof und steht vor der Kathedrale, dem Refektorium mit den Gebäuden des Abtes, der Kreuzkirche und den Mönchszellen.

Im Zentrum erhebt sich die älteste Kirche der Stadt, die Christi-Verklärungs-Kathedrale, 1506–16 an eben der Stelle errichtet, an der einst eine Holzkirche aus dem 12. Jh. stand, die von marodierenden Mongolen niedergebrannt worden war.

Die Kathedrale ist reich an gut erhaltenen Fresken aus dem 16. Jh., gemalt von Moskauer und Jaroslavler Meistern. Im nördlichen Anbau, dem Nebenaltar, sind Handschriften und Bücher gesammelt. Hier fand man Ende des 18. Jhs. eine Abschrift des Liedes von der Heerfahrt Igors. Dem Igor-Lied aus dem 12. Jh. ist in mehreren Gebäuden des Klosters eine Reihe von Exponaten gewidmet, die in eisenbeschlagenen Kästen und Truhen, in Schränken und zwischen Bücherstützen untergebracht sind, so wie sie vor über 200 Jahren geschaffen worden waren.

Vom Glockenturm aus dem 16. Jh. können Sie das herrliche Panorama der Stadt genießen. Erwähnenswert ist die Ausstellung »Russische und holländische Glocken des 16.–19. Jhs.«. *Pl. Podbelskowo*

Epiphanias-Kirche

Eines der letzten großen Bauwerke des mittelalterlichen Jaroslavl. Fünf Kuppeln krönen das Gebäude, das reich mit glasierten Keramikkacheln verziert ist. *Pl. Podbelskowo*

Johannes-Chrysostomos-Kirche

Hier treffen Sie auf ein Kleinod russischer Architektur. Die Kirche, einst vor den Toren der Stadt gelegen, ist der Kirche der Gottesmutter von Vladimir benachbart. Zu dem beeindruckenden Komplex gehören das Heilige Tor, ein Glockenturm und mehrere kleine Sakralbauten. *Nach etwa 1,5 km auf dem Moskovsky Prospekt südlich über den Kotorosl-Fluß, Ansiedlung Korovniki*

Johannes-der-Täufer-Kirche

Dieses Gotteshaus gilt als das größte und formenreichste von Jaroslavl. Die 15 Kuppeln sind in der russischen Architektur ohne Beispiel. Die Wandmalereien im Inneren beeindrucken durch ihre Größe. *In der früheren Gerbersiedlung Toltschkowo an der Kotorosl-Uferpromenade*

MUSEEN

Kunstmuseum

Im Haus des ehemaligen Gouverneurs befindet sich eine große Ausstellung russischer Kunst und Malerei: Graphik, Bildhauerei und Möbel. Das Museum spiegelt die Entwicklung der russischen Kunst vom 13. Jh. bis in die Gegenwart. Schwerpunkt ist die weltliche Kunst des 18. bis 20. Jhs. *Volschkaja nabereschnaja 23, tgl. 10–17 Uhr, außer Fr*

Museum für Altrussische Kunst

Der Metropoliten-Palast, im ältesten Teil der Stadt, *Rubljony Gorod* – Geldstadt –, gelegen, beherbergt eine Sammlung von Ikonen aus dem 13. bis 17. Jh., die zu den größten ihrer Art in der Welt zählt. *Volschkaja nabereschnaja 1, tgl. 10–17 Uhr, außer Fr*

Die glasierten Keramikkacheln, Fayencen, verzieren auch die Epiphanias-Kirche und die Bogojawlenie-Kirche in Jaroslavl

HOTELS

Jaroslavl

Nichts für Ruhebedürftige. *Ul. Swobody, Ecke Pl. Vokova, Tel. 2 12 75*

Jubilejnaja

Einfache, aber angenehme Doppel- und Einzelzimmer; Restaurant mit russischen Spezialitäten. *Unmittelbar neben der Epiphanias-Kirche, Tel. 22 12 58*

ZIEL IN DER UMGEBUNG

Karabicha Landsitz

Hier liegt das Haus des Dichters Nikolai Nekrassow (1821 bis 1878). Als Herausgeber der Zeitschrift »Sowremenik« (»Zeitgenosse«) gewann er bedeutende russische Schriftsteller seiner Zeit als Mitarbeiter. Hier schrieb Nekrassow das Versepos »Wer lebt glücklich in Rußland?«. Diese Zeilen aus dem Jahr 1863 haben ihre Gültigkeit auch heute nicht verloren: »Schön war der Tag, als uns die Heimat schien befreit vom Fluch der Sklaverei! Ich weinte fast vor Rührung. Doch meine Muse sprach: Erlieg nicht der Verführung, auf Lorbeern auszuruhn. Das Volk, man nennt's jetzt frei, doch bleibt noch viel zu tun, damit es glücklich sei.« *15 km vor Jaroslavl – aus Moskau kommend, tgl. 10–17 Uhr, außer Mo* (C 3)

KOSTROMA

76 km von Jaroslavl entfernt liegt der Ort mit knapp 300 000 Ew., terrassenartig an der hier 500 m breiten Wolga angelegt. Kostroma ist heute eine Industriestadt mit Maschinenbau, Flachsspinnerei und Textilproduktion. Das Stadtzentrum ist ein Beispiel des russischen Klassizismus zur Wende des 19. Jhs.: Feuerwehrturm, Gerichtsgebäude, Gouvernementsverwaltung, Sitz des Erzbischofs, Haus der Kirchendiener, Kirchen und Handelshäuser. Erstmals wurde Kostroma in einer Chronik 1213 erwähnt. Lange Zeit ein eigenes Fürstentum, schloß es sich später dem Moskauer Fürstentum an. (C 3)

BESICHTIGUNGEN

Handelsreihen

Die offenen und geschlossenen Gebäude um die Erlöserkirche und den Glockenturm sind Zeugen jahrhundertealter Kaufmannstätigkeit. Die zehn Kaufhäuser zählen zu den größten und besterhaltenen in Rußland. Entsprechend ihrer Waren tragen sie noch ihre früheren Namen: Große Mehlreihe, Pfefferkuchenreihe, Fischreihe, Tabakreihe, Gemüsereihe. Täglich findet hier ein Markt statt, der eher einem Basar gleicht.

Ipatios-Kloster

Das bedeutendste Bauensemble der Stadt ist das zu Ehren des Märtyrers Ipatios errichtete Kloster, dessen Bau im 13. Jh. begann. Es präsentiert sich heute mit der Dreifaltigkeits-Kathedrale, dem Glockenturm, dem Gebäude der Klosterbruderschaft, der Kerzengießerei und dem Altersheim der Patres. *2,5 km westlich des Stadtzentrums unmittelbar am Zusammenfluß von Kostroma und Wolga jenseits der Brücke über die Kostroma gelegen, Mai bis Okt., tgl. 9–17 Uhr, außer Fr*

MUSEUM

Museum für Holzbaukunst

Auf offenem Gelände erstreckt sich ein Freilichtmuseum besonderer Art. Eine umfangreiche Sammlung von Holzbauten aus den umliegenden Dörfern wurde hier zusammengetragen. *Am Stadtrand, an die Mauern des Ipatios-Klosters angrenzend*

HOTELS

Kostroma

Mittleres Hotel mit Doppel- und Einzelzimmern; *Ul. Sowjetskaja 120*

Wolga

Hier quartiert Intourist Reisegruppen ein. *Ul. Junoscheskaja 1*

PERESLAVL-ZALESSKIJ

Der Ort (45 000 Ew.) liegt in dichte Kiefernwälder eingebettet. Es lohnt sich, auf den Anhöhen vor den Toren der Stadt anzuhalten. Zu Füßen liegt der Ort mit seinen Kirchenbauten und dem spiegelblanken Pleschtschejewo-See, der sich romantisch an die Stadt schmiegt: die weißgetünchten Klöster mit den grünen und grauen Hauben, das satte Grün der Kiefernwälder und das tiefblaue Wasser des Sees.

1152 von Fürst Juri Dolgorukij, dem Begründer von Moskau, als Festung errichtet, erhielt Pereslavl den Beinamen Zalesskij – »hinter den Wäldern«. Im 13. Jh. herrschte hier Fürst Alexander Nevski, der mit seinem Sieg über die Schweden an der Newa und dem Sieg über den Deutschen Ritterorden auf dem Peipus-See in die Geschichte einging. 1958 wurde ihm ein Denkmal vor der Christi-Verklärungs-Kirche errichtet. Pereslavl mußte sich im 14. und 15. Jh. mehrfach tatarischer und im 17. Jh. polnischer Angriffe erwehren. (C 4)

BESICHTIGUNGEN

Christi-Verklärungs-Kirche

Die einfache Kirche ist das älteste der gut erhaltenen Gotteshäuser in Rußland (1152–1157 erbaut). Der Innenraum vermittelt eine ausgezeichnete Akustik, und hier trat der große Sänger Fedor Schaljapin auf, der in der Umgebung ein Gut besaß. Er gründete einen Bauernchor und hielt die Tradition russischer Kirchenmusik lebendig. *Im Festungsbezirk*

Danilow-Kloster

Das 1508 vom Mönch Daniel gegründete Kloster galt einst als reich. In der Dreifaltigkeitskirche sind wertvolle Fresken aus dem 17. Jh. erhalten geblieben. Im Innern: Motive aus dem Alten und Neuen Testament. *Südlich der Stadt auf Höhe der Ul. Podgonaja nach links*

Goritskij-Kloster

Die Kathedrale wurde 1757 im Stil des Petersburger Barock errichtet. Das siebenkupplige Gotteshaus ist äußerlich schlicht, bietet jedoch im Innenraum prächtige Ikonen aus Holz, die zu den Meisterwerken des russischen Barock zählen. *Nahe dem Pleschtschejewo-See liegt das Kloster an einem Hang. Ul. Kardowskogo*

Metropolit-Peter-Kirche

Die Kirche war, als der Metropolit Peter seinen Sitz von Kijev nach Moskau verlegte, zunächst aus Holz errichtet und wurde – 1585 – aus Stein nachgebaut. Später diente sie als Staatsgefängnis und zeitweilig als Sicherungsort für die Staatskasse. *Ul. Sowjetskaja*

Nikitskij-Kloster

Das Kloster ist festungsähnlich angelegt. Rund um den Komplex zieht sich eine Wehranlage mit sechs Türmen. Das Kloster widerstand zum Schutz der reichen Mönchsgemeinschaft mehreren Belagerungen. *Der Ul. Rostovskaja nach Norden folgen*

MUSEUM

Historisches Museum

Das Museum zählt zu den renommierten Heimatmuseen des Landes. Geschichtsinteressierte finden hier Hinweise zum Verständnis der russischen Volksseele und zu den Machtinteressen des Landes. Über 30 000 Exponate altrussischer Malerei, Plastiken, Handwerkskunst, Schmuck, Stickereien, Urkunden und Bücher sind hier in den 20er Jahren aus Klöstern, Landgütern und Bürgerhäusern zusammengetragen worden. *Auf dem Gelände des Goritskij-Klosters, Ul. Kardowskogo*

RESTAURANT

Lesnaje Skaska

Ein im russischen Bauernstil eingerichtetes Speiserestaurant, *7 km vor der Stadt gegenüber einer Kreuzkapelle gelegen*

HOTEL

Pereslavl

In dem Hotel gibt es auch ein bescheidenes Restaurant. *Ul Rostowskaja 7*

ZIEL IN DER UMGEBUNG

Marine-Museum »Botik«

Der Segler *Fortuna* aus Zar Peters »Spielflotte« ist hier neben allerlei seemännischen Utensilien zu besichtigen. Unmittelbar vor den Toren Moskaus hatte Peter der Große mit diesem See ein geeignetes »Meer« entdeckt, das zum Geburtsort der russischen Kriegsflotte werden sollte. Von einem holländischen Baumeister ließ er über 100 Miniaturschiffe bauen, die mit Kanonen ausgestattet wurden und mit denen er Parademanöver veranstaltete. Mehrere Feuer vernichteten später die Schiffe mit zwei Ausnahmen. Ein weiteres Schiff ist heute im Marinemuseum von St. Petersburg zu sehen. *Am Südufer des Pleschtschejewo-Sees, 4 km außerhalb der Stadt, 10–17 Uhr, außer Mo* (C 4)

ROSTOV

Die 40 000 Ew. zählende Stadt besitzt keine Industrien, sondern lebt eher schlecht als recht vom Fremdenverkehr. Denn noch fehlen fast alle Voraussetzungen dazu, ausgenommen Landschaft und Geschichtsträchtigkeit.

In den Chroniken ist Rostov erstmals 862 erwähnt. Den Beinamen Velikij – die Große – verdiente sich der Ort im 12. Jh., als Rostov Fürstensitz wurde. Handwerker und Kaufleute siedelten sich in dem wohlhabenden Ort an. Doch bereits im 13. Jh. vernichteten die Tataren die Stadt fast vollständig. Den Rest besorgte ein Metropolit der orthodoxen Kirche 300 Jahre später in der Ab-

Lied von der Heerfahrt Igors

Das Igor-Lied aus dem 12. Jh. beschreibt in epischer Breite und kunstvoller Form den Feldzug des Novgoroder-Sewersker Fürsten Igor Swatoslawitsch und seiner Verbündeten gegen die Steppennomaden (Polowzer) im Jahr 1185. Zunächst war das russische Heer siegreich. Als aber die Kriegerschar schutzlos in der Steppe lagerte, wurde sie von den Polowzern eingekreist und in einem ungleichen Kampf geschlagen. Der Fürst wurde gefangengenommen, die Polowzer brachten Not und Elend über das Land. Schließlich konnte Fürst Igor aus der Gefangenschaft fliehen und kehrte nach Rußland zurück. Das Lied beschreibt seine Liebe zu Freiheit, Volk und Tapferkeit, es ruft die Fürsten zum gemeinsamen Kampf gegen den Feind auf.

sicht, am Ufer des Nero-Sees einen privaten Kreml zu errichten. (C 3)

BESICHTIGUNGEN

Abraham-Kloster
Die mittelalterliche Kathedrale mit zwei kleineren Kirchen ist in ziemlich schlechtem Zustand. *Ul. Scheljobowskaja*

Jacob-Kloster
Dieses bedeutende Denkmal des russischen Klassizismus wurde zur Zeit der Drucklegung noch restauriert. *Ul. Dobroljubowa*

Kreml
Der imposanteste Gebäudekomplex der Stadt mit mächtigen Festungsmauern und elf Türmen, fünf Kirchen, einem Palais aus weißem Stein, Fürstenhäusern und einem Glockenturm. Von den Türmen haben Sie einen wundervollen Blick auf die Anlage und einen Teil der Stadt. Wunderschön ist die Mariä-Himmelfahrts-Kirche aus dem 16. Jh. Die fünf wuchtigen Kuppeln sind mit silbrig funkelndem Schuppenblech bedeckt. Über der Mittelkuppel ragt ein 4,6 m hohes Kreuz. In dem Glockenturm hängen 15 Glocken, die noch im Umkreis von 20 km zu hören sind. 1928 war das Läuten verboten worden. Heute erschallen die Glocken samstags und sonntags um 13 Uhr wieder.

HOTELS

Rostov
Das einfache Hotel hat im 1. Stock ein Restaurant mit russischer Küche. *Ul. Swerdlowa, Tel. 21976*

Rostov-Velikij-Jugendherberge
Die Unterkunft verfügt über einfache Räume für drei bis fünf Personen, einen Speiseraum im Roten Palais und ein Café. *Auf dem Kreml-Gelände, Tel. 21259*

SERGIEV POSAD

Ein Ausflug hierher beginnt in der Regel im nur 70 km entfernten Moskau. Seit 1991 hat die Sergius-Stadt wieder ihren alten Namen. 1930 war sie nach dem Sekretär des Moskauer Parteikomitees in Sagorsk umbenannt worden. Kioske und Souvenirstände vor dem Kloster weisen darauf hin, daß der Ort als Wallfahrtszentrum immer ein Anziehungspunkt für Besucher war. (C 4)

BESICHTIGUNG

Dreifaltigkeit-Sergius-Kloster
★ Majestätisch auf einer kleinen Anhöhe gelegen, ist das Kloster ein Zentrum der russisch-orthodoxen Kirche.

Auf dem Klostergelände befinden sich neun Kirchen und zahlreiche Profanbauten, darunter ein Priesterseminar und eine theologische Akademie. Das Kloster ist die Residenz des Patriarchen. Das älteste Gotteshaus ist die Dreifaltigkeits-Kathedrale, 1423 erbaut. Hier finden täglich Messen statt, zu festlichen Anlässen predigt der Patriarch. Eng verbunden mit der Kathedrale ist der Name Andrej Rubljovs, des bekanntesten Ikonenmalers. Er schuf zahlreiche Heiligenbilder, darunter die wohl berühmteste Ikone »Dreifaltigkeit«, die sich seit 1930 in der Moskauer Tretjakov-Galerie befindet.

In der Mitte der Anlage steht die Mariä-Himmelfahrts-Kirche, in der ebenfalls Gottesdienste stattfinden. Sie gilt als die Hauptkirche des Klosters mit fünf gold und blau leuchtenden Türmen. In einem schlichten Grab ruhen die Gebeine von Zar Boris Godunow. Der 80 m hohe Glockenturm ist von einer kronenförmig gewölbten Kuppel umschlossen. *Der Komplex ist von weitem sichtbar und liegt an der Hauptstraße, die nach Sergiev Posad führt, tgl. 10–17 Uhr*

MUSEEN

Kunsthistorisches Museum
Es beherbergt unermeßliche Kunstschätze, so die weltgrößte Sammlung von Meisterwerken altrussischer Kunst. Über Jahrhunderte fühlten sich Zaren und Bojaren verpflichtet, dem einflußreichen Kloster kostbare Geschenke zu machen. Die ältesten Ikonen stammen aus dem 14. Jh. Andrej Rubljov hat eine ganze Malschule hinterlassen. *Auf dem Klostergelände*

Spielzeugmuseum
Nicht zufällig wurde hier das einzige Museum dieser Art in Rußland eröffnet. Immerhin sind die Einwohner seit Jahrhunderten mit Kunsthandwerk beschäftigt. Die Sammlung reicht von Tonspielzeug aus slawischen Grabstätten bis zu modernem Spielzeug. *Pr. Krasnoi Armii 136*

HOTEL

Turcenter Sagorsk
Das in unmittelbarer Klosternähe gelegene Hotel hat 320 Doppel- und Einzelzimmer. Das Restaurant ist empfehlenswert. *Pr. Krasnoi Armii 171, Tel. 25925, 320 Zi.*

EINKAUFEN

In einem kleinen Kellergeschäft namens *Tonus* finden Sie Wissenswertes zum Kloster in mehreren Sprachen, Textilien, Matroschka-Puppen und Andenken. Zu dem Laden gehört eine kleine Cafeteria. Er befindet sich *an einem Fußpfad zwischen dem Busparkplatz und der Straße entlang der Klostermauer.*

Vor dem Klostereingang und beim Busparkplatz bieten zahlreiche fliegende Händler ebenfalls ihre Ware an.

SUSDAL

★ Der kleine Ort liegt 210 km von Moskau entfernt. Mit seinen 12 000 Ew. ist er ein einziges Museumsstädtchen und ein touristisches Juwel. Hier konzentrieren sich auf kleiner Fläche über 100 Bauwerke von historischer Bedeutung. Hier ist aber auch die Architektur der kleinen Leute erhalten – viel pittoreske Holzhäuschen prägen das Bild der kleinen Stadt. Susdal steht unter Denkmalschutz und wird vielfach als »Hauptstadt des Goldenen Rings« bezeichnet. Einst Residenz von Fürsten, durch Überfälle der Mongolen und Polen mehrfach zerstört, von Pestepidemien heimgesucht, wurde der Ort immer wieder aufgebaut.

Erstmals wurde Susdal im Jahr 990 erwähnt und erhielt 100 Jahre später bereits die Stadtrechte. Ihre Blütezeit erlebte die Stadt im 12. Jh., als Fürst Juri Dolgorukij den Ort zur Hauptstadt des

Fürstentums Rostov-Susdal machte. Eine Chronik aus dem Jahr 1673 verzeichnet neben 400 Anwesen, 8 Kathedralen im Kreml, 14 Kirchen in der Siedlung und 27 Kirchen in den Klöstern.

Erst im 19. Jh. versank Susdal in die Bedeutungslosigkeit eines verschlafenen Provinznestes. So ist zu erklären, daß der Ort die Plünderungen und Zerstörungen, die nach 1917 durchs Land gingen, unbeschadet überstand. Nach 1967 wurden die sakralen und weltlichen Bauten systematisch restauriert, für den Tourismus entstand eine angemessene Infrastruktur. (C 4)

BESICHTIGUNGEN

Euthymios-Erlöser-Kloster

Im Norden der Stadt liegt das nach seinem ersten Abt benannte Kloster an einem Steilhang. Zu den Sehenswürdigkeiten zählen die Verklärung-Christi-Kirche mit gut erhaltenen Fresken, der Glockenturm mit 20 Glocken, die Nikolaus-Spitalkirche und gleich daneben die Gefängniszellen. Das Zuchthaus war 1776 von Katharina II. für die Gegner von Alleinherrschaft und Religion angelegt worden und war noch kürzlich eine Haftanstalt für Jugendliche. Vom Kloster aus hat man eine herrliche Aussicht auf die langsam dahinfließende Kamenka. *Am Nordende der Ul. Lenina, tgl. 10–17 Uhr, außer Di*

Kreml

Immer noch sind die Erdwälle erkennbar, die im 11. Jh. angelegt worden waren. Die Kathedrale der Jungfrauengeburt ist das erste städtische Gotteshaus, das nicht nur von der Fürstenfamilie, sondern auch von der Bevölkerung besucht wurde. Die beiden Portale sind Zeugnisse russischer Handwerkskunst des 13. Jhs. Der massive Glockenturm ist kegelförmig. Die im 17. Jh. eingebaute Uhr läßt jede Minute die Glokken erklingen. Der Turm ist durch eine Galerie mit dem Erzbischöflichen Palais verbunden. *Über den gut erhaltenen Ostgraben, tgl. 10–17.30 Uhr*

MUSEEN

Museum für Altrussische Malerei

Sammlung von Seltenheitswert mit Ikonen aus dem 13.–17. Jh. Sie geben einen Einblick in die Vladimir-Susdaler Schule der

Außerhalb des pittoresken Susdals sind die Dorfstraßen schlichter

Ikonenkunst. *Auf dem Kreml-Gelände im Erzbischöflichen Palais, tgl. 10–17.30 Uhr, außer Di*

Museum für Holzbaukunst und Bauernalltag
Unweit des Kreml ist eine Sammlung kleiner Kirchen, von Bauernhäusern, Speichern, Trockenhäusern und Windmühlen aus Holz angelegt, die aus den Dörfern der Umgebung seit 1960 zusammengetragen worden waren. *Auf dem Demetriushügel, von Mai bis Okt.*

RESTAURANTS

Kamenkin-Bar
Kleines Café mit ausgewählten Kuchensorten, Eiscreme und Kaffee. *Ul. Kremliovskaja*

Trapesnaja
Zwei Restaurants gleichen Namens bieten traditionelle russische Küche. *Im Pokrovskij-Kloster und im Erzbischöflichen Palais (hier auch vegetarische Speisen)*

HOTELS

Glavny Turistitscheskij Komplex – GTK
Eine Hotelanlage mit Restaurant, Kino und Swimmingpool. *Neben dem Euthymios-Erlöser-Kloster, Tel. 2 15 30*

Pokrovskij
Das Hotel mit 30 komfortablen Zimmern ist im Refektorium des Pokrovskij-Klosters untergebracht. *Ul. Pokrovskaja, Tel. 2 08 89, 30 Zi.*

In Vladimir steht dieser Backsteinbau einer orthodoxen Kirche

VLADIMIR

Vladimir (350 000 Ew.) liegt an der Kljasma und ist eine Industriestadt mit einem reichen Kulturleben. Die Stadt wurde 1108 von dem Kijever Großfürsten Vladimir Monomach gegründet, der ihr seinen Namen gab. Sein Enkel Andrej Bogoljubskij baute Kirchen und Klöster, siedelte Handwerker und Kaufleute an. Dessen Bruder schließlich ließ Festungsmauern um die Stadt errichten und machte sie nahezu uneinnehmbar. Im 19. Jh. erhielt die Stadt eine Eisenbahnverbindung nach Moskau und Niznij Novgorod. (C 4)

BESICHTIGUNGEN

Demetrius-Kathedrale
Die Fassade des eindrucksvollen Kalksteinbaus aus dem 12. Jh. ist übersät mit über 1000 Figuren, Steinmetzarbeiten mit Themen des Alten Testaments, der griechischen Mythologie und slawischer Heldensagen. *Auf dem ehemaligen Kreml-Gelände, tgl. 10–17 Uhr, außer Mo*

Mariä-Himmelfahrts-Kathedrale
★ Der majestätische Bau im Zentrum der Stadt ist ihr Wahrzeichen. Die fünf Zwiebeltürme mit den gewaltigen Kreuzen sind weithin sichtbar. Bis ins 14. Jh. war sie die Hauptkirche Rußlands. Hier wurden die Großfürsten von Vladimir und Moskau gekrönt. Erst jüngst wurden im Inneren Fresken aus dem 12. und 13. Jh. freigelegt. Sehenswert: die Arbeiten von Andrej Rubljov und Daniel Tschornij, »Das Jüngste Gericht«. *Am Pl. Swobody, tgl. 10–17 Uhr, außer Mo*

MUSEEN

Museum »Altes Vladimir«
In einem alten Wasserturm gibt es eine Ausstellung über den städtischen Alltag im vergangenen Jh. Von der Aussichtsplattform haben Sie einen Blick über die gesamte Stadt. *Auf dem Koslov-Wall, tgl. 11–18 Uhr, außer Mo*

Museum für Vorrevolutionäre Geschichte
Hier wird der Sarg von Alexander Nevski aus Novgorod, Fürst von Vladimir, aufbewahrt. 400 Jahre nach seinem Tod, 1724, kamen seine Gebeine nach St. Petersburg. *Ul. III. Internazionala 64, tgl. 10–17 Uhr, außer Mo*

RESTAURANT

Traktir
Das Restaurant befindet sich in einer nachgebildeten Bauernhütte. *Ul. Stoljarowa 2*

HOTEL

Vladimir
Von den drei Übernachtungsmöglichkeiten ist nur dieses Hotel zu empfehlen. Mit Restaurant, *Ul. III Internazionala, Tel. 2 30 42*

ZIEL IN DER UMGEBUNG

Bogoljubovo
Hier lag die Residenz des Fürsten Andrej Bogoljubskij. Von dem einst prunkvollen Bau sind nur noch der Treppenturm und Ruinenteile des Palastes übrig. Auf der Wendeltreppe wurde der der Fürst von den Bojaren erschlagen. *10 km östlich von Vladimir* (C 4)

In die Heimat der Russen

Für den eisigen Norden braucht man Muße und Ausdauer

Im Norden Rußlands gingen die Uhren immer schon anders, und das nicht nur, weil hoch oben in Karelien die Polarnächte im Winter nicht enden. Im Norden an der alten Handelsstraße von der Ostsee zum Schwarzen Meer ließen sich die schwedischen Normannen, Waräger genannt, einst nieder und gründeten die späteren Hansestädte Novgorod – Neustadt – und Pskov. Über Jahrhunderte lag hier die Macht nicht in den Händen von Fürsten, sondern bei autonomen Versammlungen freier Bürger, die Gesetze erließen und die Gerichtsbarkeit ausübten.

Ende des 15. Jhs. geriet Novgorod immer stärker unter Druck Moskaus, bis Zar Iwan III. schließlich die Unabhängigkeit gewaltsam beendete und all seine zuvor gegebenen Versprechen brach. Gemeinsam mit Pskov verlor die Stadt ihre Sonderstellung und wurde zu einer unbedeutenden Provinzstadt.

Mit einfachsten Holzwerkzeugen wurde die Christi-Verklärungs-Kirche auf der Insel Kishi erbaut

MURMANSK

Auf halbem Weg zwischen Moskau und dem Nordpol liegt die 436 000-Einwohner-Stadt. Die meisten Bürger sind russischer Herkunft, die – angelockt von guten Löhnen – in der Fischverarbeitung oder auf Werften tätig sind. Vom Dezember bis Januar herrscht Polarnacht.

MUSEEN

Heimatmuseum
Besonders interessant sind die Exponate, die über die frühen Einwohner der Region, die Samen, berichten. *Pr. Lenina 90, tgl. 11–18 Uhr, außer Mo und Di*

Institut für Polarforschung
Das kleine Museum des Instituts steht nur Besuchergruppen offen. *Ul. Knipovicha 6*

RESTAURANT

Panorama-Restaurant
Fisch und Rentierfleisch sind die Spezialitäten dieses empfehlenswerten Restaurants *am nahe gelegenen Semjonovskaja-See*

MARCO-POLO-TIPS FÜR DEN NORDEN

1 Kreml und Sophien-Kathedrale bei Novgorod
Die ehemalige Hansestadt strahlt mit ihren Bauwerken noch immer die Pracht und die Macht vergangener Jahrhunderte aus (Seite 51)

2 Kishi bei Petrozavodsk
Die Zimmerleute der Insel Kishi waren Meister ihres Fachs. Sie arbeiteten lediglich mit einfachsten Werkzeugen – ihre Bauten haben bis heute Bestand (Seite 53)

HOTEL

Arktika-Hotel
Räume mit Bad, einfach, aber relativ komfortabel, in der Innenstadt. Mit schwedischem Büfett und einem Restaurant. *Pr. Lenina 82, Tel. 5 74 11*

AM ABEND

Club der Seeleute
Bar, Bücherei und zuweilen Kulturveranstaltungen sind auch für Nichtmatrosen eine Abwechslung. *Ul. Karla Marxa 1, tgl. 15.30–23 Uhr, außer So*

Kirov-Kulturpalast
Neben Kino und gelegentlichen Ausstellungen finden hier an Wochenenden Tanzveranstaltungen für einsame Herzen statt. *Unweit des Arktika-Hotels*

ZIEL IN DER UMGEBUNG

Kola-Halbinsel
Die Halbinsel Kola – *Kolskij Poluostrov* – war einst nur von den Rentierhirten der Samen und wenigen russischen Fischern und Fallenstellern besiedelt. Noch heute ist die Region bevölkerungsarm mit wenigen Fischerdörfern an der Küste und noch rund 1500 Angehörigen der Samen-Bevölkerung. Erst die Entdeckung reicher Bodenschätze hat der Region Bedeutung verliehen.

Alljährlich findet hier seit 1934 das Festival des Nordens statt, ein Polar-Karneval mit vielen öffentlichen Veranstaltungen. Zentrum des Festivals ist die Stadt Dolina Uiuta. *Mit dem Bus Nr. 12 vom Hauptbahnhof Murmansk. Intourist organisiert Exkursionen auf die Halbinsel; Auskunft im Arktika-Hotel* (B–C 1)

NOVGOROD

Einst Rußlands größte Stadt, zählt Novgorod heute rund 220 000 Ew. St. Petersburg hatte ihr einst den Rang als wichtiges Handelszentrum erfolgreich streitig gemacht. Im Zweiten Weltkrieg wurde die Stadt von deutschen Truppen weitgehend zerstört. Heute ist sie Ziel russischer wie ausländischer Touristen. Für die Stadt sollte man sich Zeit nehmen, schon allein wegen der reichhaltigen Beispiele russischer Architektur. Novgorod hat zwei Zentren, eins mit dem Kreml am Westufer des Volchov-Flusses, ein anderes mit der alten Marktstadt am Ostufer. Die meisten Sehenswürdigkeiten befinden sich beidseitig der Hauptstraße Uliza Pervogo Maia. (B 3)

BESICHTIGUNGEN

Facettenpalast

In dem gotischen Gebäude residierte einst der Erzbischof. Es stammt aus dem Jahr 1433. *Hinter der Sophienkathedrale, tgl. 10–18 Uhr, außer Mi, Einzelbesucher müssen sich Gruppen anschließen*

Jaroslavl-Hof

Hier tagten einst die Kaufleute und Handwerker. Auf dem Gelände steht die Nikolaus-Kathedrale aus dem Jahr 1136 und die Paraskjev-Pjatnika-Kirche, so benannt nach der Schutzheiligen der Händler. *Auf der Marktseite der Stadt, tgl. 10–18 Uhr, außer Mo*

Kreml mit Sophien-Kathedrale

★ Gut erhaltene Festungsanlage aus dem 11. Jh. Hier, hinter den 9 m hohen und 4 m breiten mächtigen Mauern, spüren Sie etwas vom alten glanzvollen Rußland. Kern der Anlage und das Wahrzeichen der Stadt ist die um die Jahrtausendwende errichtete Sophien-Kathedrale. Die vergoldete Hauptkuppel mit den vier Nebenkuppeln sitzt strahlend auf dem weißgetünchten Gebäude. Im Inneren befinden sich Ikonen aus dem 14. Jh. *Tgl. 10 bis 18 Uhr, außer Mi*

MUSEUM

Historisches Museum

Das Museum beherbergt zahlreiche Ikonen der Novgoroder Schule, die ihre erste Blüte im 12. Jh. hatte und sich von anderen Richtungen vor allem durch rei-

Auf dem Volchov vorbei am Novgoroder Kreml mit Sophien-Kathedrale

chere Farbgestaltung unterscheidet. *In den Räumen des Kremls, tgl. 10–18 Uhr, außer Di*

RESTAURANTS

Detinets Restaurant

In einer ehemaligen Kirche neben dem Petrovskaja-Turm des Kreml liegt dieses auch von Einheimischen geschätzte Restaurant.

Posad Café

Hier sind die Preise mit denen der Hotel-Restaurants vergleichbar, doch die Atmosphäre ist angenehmer. *Ul. Bolschevikov 14, Tel. 9 48 49, Sa geschl.*

HOTELS

Beresta Palace Hotel

Ein Hotel der Spitzenklasse mit 202 Räumen, 23 Suiten und einem Konferenzsaal für 160 Personen, das im Dezember 1991 eröffnet wurde. *Rajon 3, Ul. Studentscheskaja, Tel. 3 47 47*

Intourist

Das gut ausgestattete Hotel verfügt über ein durchgehend geöffnetes Restaurant. *Ul. Dmitrievskaja 16, Tel. 750 89, 121 Zi.*

Rossija

In diesem sehr bescheidenen Hotel werden Sie mit einem Blick auf den Kreml entschädigt. *Nab. Alexandra Nevskogo 19/1, Tel. 9 93 85*

ZIEL IN DER UMGEBUNG

Staraia Russa

Der Dichter Feodor Dostojewski (1821–1881) hat hier »Die Brüder Karamasow« und »Die Erniedrigten und Beleidigten« geschrieben. In seinem Haus ist ein kleines Museum untergebracht. In zwei Stunden bringt Sie die Fähre zu diesem alten Handelsplatz am Ilmen-See (russ. Ozero Ilmen). *Anlegestelle am Flußende der Ul. Suvorovskaja beim Hotel Rossija.* (A 3)

PETROZAVODSK

Die Hauptstadt Kareliens liegt landschaftlich schön an der Mündung der Lososinka in den Onežskoje-See. Die 265 000 Ew. sind überwiegend Russen.

1703 als Kanonengießerei und Rüstungsschmiede Zar Peters des Großen gegründet, erlangte die Stadt bald traurige Berühmtheit als Verbannungsstätte. Sowohl die Zaren als auch später Stalin schickten Dissidenten zur Zwangsarbeit hierher. (B 2)

MUSEEN

Heimatmuseum

In einer ehemaligen Kirche ist das kleine Museum untergebracht, in dem Exponate karelischer Volkskunst ausgestellt sind. *Pr. Uritskogo 32, tgl. 9–19 Uhr, außer Fr*

Kunstmuseum

Ikonen des 15.–17. Jhs. und Malerei aus späterer Zeit befinden sich in einem der ältesten Gebäude der Stadt. *Pr. Marxa 8, tgl. 11 bis 18 Uhr, außer Mo*

RESTAURANT

Petrovskij Restaurant

Hier gibt es einheimische Küche – Fleischpfanne mit Pilzen – zu angemessenen Preisen. *Ul. Andropova 1, Vorbestellung ratsam*

HOTELS

Karelia-Hotel

Einfaches, modern gestaltetes Haus. *Nab. Giullinga 2, Tel. 5 88 97*

Severnaja

Sehr bescheidenes Haus mit mittelmäßigen Speisen und lauter Musik. *Pr. Lenina 21, Tel. 7 63 54*

EINKAUFEN

Karelische Stickereien und Trachten sind zuweilen in den Geschäften der Stadt zu Rubel-Preisen erhältlich.

AM ABEND

Kantele

Diese fröhliche Truppe karelischer Volkssänger tritt regelmäßig im *Finnischen Theater, Pr. Marxa 19*, und in der *Philharmonie, Ul. Gogolja 6*, auf.

AUSKUNFT

Intourist

im Hotel Severnaja, Pr. Leuina 21

ZIEL IN DER UMGEBUNG

Insel Kishi

★ In der eisfreien Zeit kann man auf die Insel übersetzen. Die Fahrt in einem Tragflügelboot dauert 80 Minuten. Ein Besuch auf der Insel ist ein Muß.

Kishi war einst religiöser Mittelpunkt zahlreicher Gemeinden und Wirtschaftszentrum. Ihre Handwerker waren in ganz Rußland für ihre Arbeiten berühmt. Die 35 m hohe Christi-Verklärungs-Kirche hat 22 Kuppeln. In unmittelbarer Nachbarschaft erhebt sich die Mariä-Schutz-Kirche aus dem Jahr 1764. Um eine Mittelkuppel gruppieren sich acht kleine Kuppeln. Der Glockenturm, der mehrfach abbrannte und immer wieder aufgebaut wurde, nimmt sich dagegen fast bescheiden aus.

Zu sehen ist auch der älteste Holzbau Rußlands, die Lazarus-Kirche aus Murom. *Von der Fähranlegestelle in Petrozavodsk, am Seeende des Pr. Marxa, mehrmals tgl. von Mai bis Nov.* (B 2)

PSKOV

Die Stadt galt stets als die »kleine Schwester« Novgorods. Sie gehört zu den ältesten Städten Rußlands. Spuren aus der Gründungszeit im 9. Jh. sind vor allem im Kreml zu sehen, dessen Kern aus den Anfängen der Stadt stammt.

Nur wenig ist noch übrig von den alten Handelshäusern aus dem 16. und 17. Jh., während des Zweiten Weltkrieges wurde die Stadt weitgehend zerstört. Die modernen Bauten des Wiederaufbaus prägen heute das Stadtbild. (A 3)

BESICHTIGUNGEN

Dreifaltigkeits-Kathedrale

Der hohe Bau aus dem Jahr 1699 ist bereits von weitem sichtbar. Die fünfkupplige Kathedrale zieren sparsame Ornamente. Die Ikonen sind im Stil des Moskauer Barocks. *Im Kreml gelegen*

Kreml

Die Wälle der Befestigungsanlage stammen aus dem 13. Jh. Von hier aus haben Sie einen Blick auf die übrigen Wehrtürme jenseits des Pskova-Flusses. *An der Ul. Sovietskaja*

RESTAURANT

Kuorio

Einheimische bevorzugen dieses finnische Restaurant *unweit des Rischskaja-Hotels.*

HOTELS

Intourist

Angenehmes Hotel mit Restaurant. Das Gebäude wird derzeit erweitert. *Ul. Dmitrievskaja 16, Tel. 750 89*

Oktyabrskaja

Hübsch gelegen zwischen Innenstadt und Bahnhof mit einem altertümlichen Restaurant. *Oktyabrski Pr. 36, Tel. 2 55 93*

Rischskaja

Dieses ruhige Hotel liegt westlich des Velikaja-Flusses; mit Restaurant. *Rischskij Pr. 25, Tel. 6 22 23*

AUSKUNFT

Intourist

Hotel Intourist, Ul. Dmitrievskaja 16

Rußlands westlicher Vorposten

Verklärte Vergangenheit – graue Gegenwart: An Kaliningrad scheiden sich die Geister

Seit die Stadt für Ausländer wieder zugänglich ist, scheint das alte Königsberg zum Wallfahrtsort für ehemalige Einwohner geworden zu sein – auf der Suche nach der Vergangenheit. Wer hier aufgewachsen ist, wird jedoch Mühe haben, Bekanntes wiederzuentdecken. Kaliningrad ist mit seinen grauen Wohnkomplexen eine junge Stadt, an das alte Königsberg erinnert nur noch wenig. Die Stadt beiderseits des Pregels, mit heute 400 000 Ew., liegt im Kaliningrader Oblast (größeres Verwaltungsgebiet) – bis 1945 nördlicher Teil Ostpreußens. Das Gebiet an der Ostsee ist eine Exklave Rußlands. Es grenzt nördlich an Litauen und im Süden an Polen. Die Fläche beträgt etwa 15 100 qkm. Mit der Unabhängigkeit der baltischen Länder ist das Gebiet zu einer isolierten russischen Westprovinz geworden.

Die Bomben des Zweiten Weltkrieges hinterließen den Königsberger Dom als Ruine. Auf der Rückseite ist die Grabstätte Kants

Die exponierte Lage hat die wechselvolle Geschichte maßgeblich bestimmt. Königsberg wurde 1255 vom Deutschen Orden gegründet und erhielt seinen Namen zu Ehren von König Ottokar II. von Böhmen und zum Dank für dessen Unterstützung gegen die baltischen Pruzzen, die sich ihrer Christianisierung vergeblich widersetzt hatten. Eine Burg wurde errichtet, viele Deutsche siedelten sich an, und die Kolonie entwickelte sich bald zu einer bedeutenden Handelsstadt. Zunächst entstanden drei Orte: Altstadt, Löbenicht und – auf einer Insel des Pregels auf Pfählen erbaut – Kneiphof. Sie blieben bis 1945 Stadtteile. Als der Deutsche Orden zerfiel, wurde Königsberg »Herzogtum Preußen« und polnisches Lehen. In der Schloßkirche wurden 1701 Kurfürst Friedrich III. von Brandenburg und 1861 Wilhelm I. zu preußischen Königen gekrönt. Nach 1757 stand die Stadt fünf Jahre lang unter russischer Besatzung. Zu jener Zeit wirkte der Königsberger Philosoph Immanuel Kant in seiner Heimatstadt, wurde jedoch erst

MARCO-POLO-TIPS FÜR KALININGRAD

1 Kants Grabstätte
Erinnerung an den großen deutschen Philosophen des 18. Jhs. (Seite 58)

2 Kurische Nehrung
Eine Wanderung entlang der Landzunge ist ein Naturerlebnis (Seite 59)

1770 Professor an der Albertus-Universität. Aus dem Umstand, daß Kant Kontakte zur russischen Verwaltung unterhalten haben soll, leiten Kaliningrader Russen heute oft ein besonderes Verhältnis zu Deutschland ab.

Durch Napoleon fiel Königsberg 1807 in die Hände der Franzosen. So kam es, daß fünf Jahre später die Befreiung von der französischen Fremdherrschaft von Ostpreußen ausging. Nach dem Ersten Weltkrieg, als der größte Teil Westpreußens wieder polnisch wurde, blieb Ostpreußen, das in den ersten Kriegsjahren teilweise von Rußland besetzt war, deutsch. Die östlichste Stadt Deutschlands wurde – nicht zum letzten Mal – zur Exklave und war nur durch einen Korridor zu erreichen. In den dreißiger Jahren zählte die Stadt 372 000 Ew.

Im Zweiten Weltkrieg wurde die historische Innenstadt fast völlig zerstört. Mit 800 Bombern legte die britische Luftwaffe im August 1944 12 der 20 Kirchen in Schutt und Asche. 4200 Menschen wurden getötet, 200 000 obdachlos. Noch in den letzten Kriegstagen wurde Königsberg zur Festung erklärt. Viele Deutsche flüchteten mit spärlicher Habe nach Westen. Im April 1945 kapitulierte die Stadt. In den folgenden zwei Jahren kamen Zehntausende durch Hunger, Krankheiten und die Mißhandlungen der Besatzer ums Leben. Glück im Unglück hatten jene Menschen, die aus der Stadt vertrieben wurden. Im Potsdamer Abkommen vom August 1945 wurde dann die Westgrenze der Sowjetunion und die Abtretung des Gebiets festgelegt.

Ehemalige russische Soldaten und Menschen vornehmlich aus dem europäischen Teil Rußlands wurden später hier angesiedelt. Königsberg erhielt einen neuen Namen: Kaliningrad – nach dem im Juni 1946 verstorbenen sowjetischen Staatsoberhaupt Michail Kalinin. Die gesamte Region – Kaliningrader Oblast – wurde für Ausländer gesperrt, aus politischen wie aus militärischen Erwägungen. Im baltischen Militärbezirk konzentrierten sich auf engem Raum zahlreiche sowjetische Einheiten sowie die »Baltische Flotte«.

Fischfang und Maschinenbau, Papier- und Baustoffindustrie wurden die Schwerpunkte wirtschaftlicher Aktivitäten. Im Seehafen wurden jährlich fast fünf Millionen Tonnen Güter umgeschlagen. Die traditionsreiche Bernsteingewinnung wurde fortgesetzt. Mit dem Bau einer neuen Universität wurde Kaliningrad 1967 zum Bildungszentrum und erhielt elf Fakultäten.

Die Liberalisierungspolitik Gorbatschows hat die westlichste Stadt der Sowjetunion 1991 erreicht. Seither ist die Region eine freie Wirtschaftszone mit dem Beinamen »Jantar« (Bernstein). Mit weitgehenden Steuervorteilen für ausländische Anleger hofft man, schneller Anschluß an neue Märkte zu gewinnen. Heute soll Kaliningrad eine Stätte der Begegnung für Ost und West werden, gefördert von namhaften Persönlichkeiten aus der Finanz- und Medienwelt. Die norddeutsche Stadt Kiel ist eine enge Verbindung zu Kaliningrad eingegangen, der russische Präsident Boris Jelzin fördert derartige Bemühungen und hat eigens einen Bevollmächtigten für Kaliningrad ernannt.

Seit 1991 haben sich rund 20 000 Rußlanddeutsche aus Sibirien und Kasachstan in der Region angesiedelt. Die deutsch-russischen Vereinigungen »Eintracht« und »Gedenkstätten Königsberg« setzen auf Partnerschaft und Wiederaufbau. Selbst eine deutsche Zeitung gibt es wieder: »Königsberger Kurier«. Das Monatsblatt erscheint zweisprachig. Doch mit 78 Prozent bilden die Russen den Hauptteil der Bevölkerung neben Weißrussen, Ukrainern und Litauern. Nicht wenige von ihnen sehen einer weiteren Ausbreitung der Deutschen mit eher gemischten Gefühlen entgegen.

Der wirtschaftliche Aufschwung in Königsberg geht im Schneckentempo voran. Das gilt auch für das Touristikgewerbe. Viele Reiseveranstalter weichen noch immer bei Hotelangeboten in den 40 km entfernten Ostseekurort Svetlogorsk (Rauschen) aus. Kriegsbomben und spätere Zerstörungen haben zahlreiche Zeugnisse der Geschichte ausgelöscht. Die Ruine des Schlosses, das aus der Zeit des Deutschen

Das Brückenhaus am Pregel ist eines der wenigen alten Gebäude

Ordens im ausgehenden 16. Jh. stammt, war 1965 gesprengt worden. An dieser Stelle wurde mit einem monströsen Bauprojekt begonnen, das derzeit ein dänisches Konsortium zu einem Geschäftszentrum ausbaut. Die zahlreichen Denkmäler der Preußenkönige sind abgetragen, das von dem klassizistischen Bildhauer Christian Daniel Rauch geschaffene Standbild von Immanuel Kant ist seit Kriegsende verschollen. Durchreisenden und historisch interessierten Besuchern also bleiben wenige, dafür aber beeindruckende Stätten, die einen Aufenthalt in Königsberg lohnen. (A 4)

BESICHTIGUNGEN

Dom-Ruine

Das im gotischen Stil 1333 begonnene Gotteshaus ist nur teilweise erhalten. Es soll jedoch von der russisch-orthodoxen Kirche in seiner ursprünglichen Form – dreischiffig mit zwei Türmen wiederhergestellt werden. *In der Innenstadt*

Grabstätte Immanuel Kants

★ Der deutsche Philosoph, der seine Heimatstadt nie verlassen hat, ist hier begraben. Oft trifft man Brautpaare, die – einem russischen Brauch folgend – am Hochzeitstag Blumen hier niederlegen. *An der Rückseite des Doms*

Park der Skulpturen

Auf der Kneiphofinsel – heute Dominsel –, wo einst Häuserzeilen neben dem Dom standen, ist eine Freilichtausstellung entstanden mit alten und neuen Skulpturen: der mittelalterliche Lyriker Walther von der Vogelweide, Zar Peter I., ein Relief des Geistlichen Julius Rupp, Großvater der Bildhauerin Käthe Kollwitz. An dem Relief befindet sich die Inschrift: »Wer nach der Wahrheit, die er kennt, nicht lebt, ist der gefährlichste Feind der Wahrheit selbst.«

Zu den noch teils erhaltenen historischen Gebäuden zählen das Sackheimer Tor, das Roßgärter-, Brandenburger-, Friedländer- und Königstor, die Juditter Kirche – heute Nikolai Dom – und die Kneiphöfsche Börse. Das 1875 errichtete Gebäude ist heute der Kulturpalast der Seeleute. *Auf der Kneiphofinsel*

MUSEEN

Bernstein-Museum

Hier findet sich eine einzigartige Sammlung – 5000 Exponate – des fossilen Harzes. Einzelstücke gelber bis dunkelbrauner Farbe sind zu besichtigen. Zudem kann sich der Besucher ein Bild von den verschiedenen Anwendungsgebieten machen – Schmuck, verarbeitet in Kassetten, figürliche Plastiken, Industriefertigung. Das Museum liegt *im Dohna-Turm des alten Befestigungsringes neben dem Roßgärter Tor.*

Königsberger Bunker

Als die Stadt in den letzten Kriegstagen zur Festung erklärt und General Lasch zum Befehlshaber ernannt wurde, richtete er sich im Keller des »Neuen Gebäudes« der Albertus-Universität auf die Verteidigung ein. Dieser Bunker ist unzerstört erhalten und heute ein Museum der deutschen Kapitulation mit vielen zeitgenössischen Dokumenten. *Tgl. 10–17.30 Uhr, Tel. 43 05 93*

RESTAURANTS

Kamenny Zwetok Café
Hier gibt es abends Tanz. *Ul. Klinischeskaja 25, Tel. 46 73 18*

Moskva
Restaurant und Café, *Pr. Mira, Tel. 27 20 89*

HOTELS

Kaum ein Reisender übernachtet in dieser Stadt. Die umliegenden Orte sind landschaftlich reizvoller.

Baltika
Hier gibt es 300 Betten, ein Restaurant und eine Bar, betrieben von einem deutsch-russischen Unternehmen. Hier liegt auch ein Campingplatz. *Uschakowskoje Osero, Tel. 43 79 77*

Kaliningrad
Das Hotel wurde kürzlich teilrenoviert. *Leninskij Pr. 81, Tel. 46 94 40*

EINKAUFEN

Bukinist
Bücher-Antiquariat, *Leninskij Pr. 35–37*

Rubin
Kleines Angebot an Bernstein, *Leninskij Pr. 40*

ZIELE IN DER UMGEBUNG

Bernsteinküste
Nach rund 20 km mit dem Auto oder einer halben Stunde Bahnfahrt nach Norden erreicht man von Königsberg aus Zelenogradsk (Cranz), einen traditionsreichen Badeort, der gut erhalten ist. Die Promenade ist 900 m lang. Westlich liegt in unmittelbarer Nähe Svetlogorsk (Rauschen), in dem die Vorkriegszeit stehengeblieben zu sein scheint. Seit Mai 1992 gibt es hier wieder einen Campingplatz, der von Mai bis November geöffnet ist. Der Strand wird oft mit der Schwarzmeerküste bei Soči verglichen. Eine Seilbahn bringt die Besucher die Steilküste hinab. (A 4)

Kurische Nehrung
★ Eine Wanderung entlang der Kurischen Nehrung – *Kurskaja Kosa* – von Zelenogradsk oder Rybačij (Rossitten) aus sollten Sie auf jeden Fall einplanen. In Rossitten wurde 1901 die erste Vogelwarte der Welt von Johann Thienemann errichtet. Auf den Ornithologen geht der Brauch zurück, Vögel zu Forschungszwecken zu beringen. (A 4)

Sommerhaus von Thomas Mann
Das Ferienhaus ließ sich der deutsche Romancier Thomas Mann nach der Verleihung des Nobelpreises 1929 erbauen. Zwischen 1930 und 1932 lebte er hier und bereitete seinen Roman »Joseph und seine Brüder« vor. Er sollte nach den Jahren des Exils dieses Haus nie wieder betreten. In den siebziger Jahren wurde hier eine Gedenkstätte eingerichtet. Von der Anhöhe bietet sich der berühmte »Italienblick«. *Entlang der Kurischen Nehrung, knapp hinter dem Schlagbaum nach Litauen, vor der Ortschaft Nidda* (A 4)

Die freigebige Wolga

Im Herzen Rußlands muß der Reisende noch Pioniergeist mitbringen

Bei dem Dörfchen Wolgowerchowje, nördlich von Moskau, entspringt ein Flüßchen, das sich auf 3500 km zum mächtigsten Strom Europas entwickelt – die Wolga, »Mutter der russischen Flüsse«. Dabei profitiert sie von so mächtigen Zuflüssen wie der Oka (1478 km) und der Kama (2032 km). Ehe sie sich dann bei Astrachan ins Kaspische Meer ergießt, durchquert sie stille und freundliche Landschaften Mittelrußlands mit Wiesen und Feldern, aber auch malerische Dörfchen, sie bahnt sich ihren Weg durch endlose Steppenregionen, die schließlich in Halbwüste übergehen, sie schlängelt sich über 75 km um die Shigulie-höhen und rückt bei Volgograd (dt. Wolgograd) dem Don nahe. Gerade 50 km trennen beide Flüsse voneinander. Seit 1952 sind sie durch den Wolga-Don-Kanal verbunden, der Schiffsreisen neue Perspektiven verliehen hat.

Das westliche Flußufer ist steil und steigt stellenweise bis auf 200 m an. Das östliche Ufer ist das Wiesenufer, im Frühjahr häufig überschwemmt und doch ein Gebiet erstklassiger Heuernten. Die Fahrrinne drängt sich zumeist an das Steilufer, und dort befinden sich auch die wichtigsten Städte wie Niznij Novgorod – ehedem Gorkij –, Uljanovsk, Saratov, Volgograd. Am gegenüberliegenden Ufer war Städtebau in der Vergangenheit wegen der ständigen Hochwassergefahr nur bedingt möglich.

Der größte Strom Europas gab Volgograd, das früher einmal Stalingrad hieß, seinen jetzigen Namen

Die Fahrrinnen sind gut kenntlich gemacht und werden ständig von Sandbänken und anderen Anschwemmungen freigehalten. Die Wolga ist nicht nur eine wichtige Wasserstraße für den Touristen- und Ausflugsverkehr, auf ihr wird auch ein großer Teil des Gütertransports der Region abgewickelt. Vielen Bewohnern bietet zudem der Fischreichtum des Flusses eine wichtige Einnahmequelle. Die Hauptfanggebiete liegen im Wolga-Delta und im nördlichen Teil des Kaspischen Meeres. Hier geht der Stör ins Netz, der zartes Fleisch und den köstlichen Kaviar liefert. Millionen von Maiheringen, die wie der Stör vom Meer her die Wolga hinaufsteigen, werden gefischt und eingesalzen. Barsch, Zander, Wildkarpfen und Güster sind weitere Gaumenfreuden.

Seit Jahrhunderten haben das russische Volk und seine Dichter den Reichtum und die Reize von »Mütterchen Wolga« und des Landes, das sie umgibt, in Heldenliedern und Märchen besungen und verewigt. Der zeitgenössische Lyriker Jewgeni Jewtuschenko drückte das in seinem Gedicht »Die Wolga« so aus: »Wir Russen alle sind erzogen von ihr, der Wolga. Tief und rein sind ihre langsam schweren Wogen, gewichtig wie das Felsgestein.« Aber auch Ausländer zog es immer wieder an den Fluß. 1859 reiste der französische Romancier Alexandre Dumas, Autor der »Drei Musketiere«, auf der Wolga bis zum Kaukasus. »Impressionen einer Reise durch Rußland« nannte er die dreibändige Beschreibung seiner Erlebnisse. Sie gelten heute noch als ebenso unterhaltsame wie anregende Lektüre für Einheimische wie Wolga-Reisende.

Ein gemäßigtes Kontinentalklima beherrscht das Wolga-Gebiet. Die Winter sind kalt, trocken und schneereich mit einer Durchschnittstemperatur von minus 14 Grad im Januar. In heißen und trockenen Sommern klettert das Thermometer im Juli auf 24 Grad. Die Badesaison reicht von Juni bis September.

KAZAN

Um den historischen Stadtkern mit seinen Villen im Stil des russischen Barocks, seinen Minaretten und Moscheen sind moderne, aber auch eintönige Wohnviertel entstanden. Diese faszinierende architektonische Mischung verdankt Kazan dem

MARCO-POLO-TIPS FÜR DAS WOLGA-GEBIET

1 Tataren-Museum in Kazan
Über eine halbe Mio. Exponate geben Aufschluß über die Sitten und Gebräuche des Mischvolkes aus Mongolen, Türken, Wolgafinnen und Ostslawen (Seite 63)

2 Wolga-Stausee am Wasserkraftwerk
Mit einem Tragflügelboot erreicht man die beeindruckende Anlage (Seite 68)

3 Wolga-Don-Kanal
Der über 100 km lange Kanal weist zahlreiche technische Attraktionen auf (Seite 69)

4 Lenin Memorial in Uljanovsk
Gedenkstätte Lenins mit Konzert- und Kinosaal sowie Geburtshaus des Revolutionsführers (Seite 67)

5 Mamajew-Kurgan in Volgograd
Gedenkstätte zu Ehren der Gefallenen des Zweiten Weltkrieges mit dem Standbild »Mutter Heimat« (Seite 69)

6 Kreml in Niznij Novgorod
Eine lange Mauer mit 11 Türmen umgibt den imposanten Kreml (Seite 66)

Zusammenleben von gläubigen Moslems, Tataren, und den russisch-orthodoxen Bewohnern. Heute beherbergt die Hauptstadt der Tatarischen Autonomen Republik Menschen aus 70 Nationen und Völkerschaften.

Die Universität der Stadt, in der auch schon Lenin studierte, ist der kulturelle Magnet der Region. 750 km von Moskau entfernt, ist Kazan eine der wenigen Städte, die am flachen, östlichen Wolga-Ufer liegen, dort, wo die Kasanka sich mit der Wolga vereint. Eine vier km breite Überschwemmungszone trennt die Stadt von den Schiffsanlegestellen. Nicht nur für die Handelsschiffahrt ist Kazan von besonderer Bedeutung. Hier starten die meisten Wolga-Reisen.

1177 wurde Kazan erstmals urkundlich erwähnt. Heute ist die Stadt Wirtschafts- und Kulturzentrum mit rund einer Mio. Ew. Im 13. und 14. Jh. war sie Hauptstadt des Reiches der Wolga-Bulgaren, im 15. und 16. Jh. Zentrum des Kazaner Chanats, das unter Iwan Grozny zum russischen Reich kam. 1773–75 erlebte die Stadt einen Bauernaufstand, 1905 nahmen die Kazaner Arbeiter an der ersten russischen Revolution teil.

Viele Jahre lang war Ausländern der Besuch erschwert, so daß der Tourismus noch spürbar in den Kinderschuhen steckt. (D 4)

BESICHTIGUNGEN

Kreml

In nur zehn Jahren wurde der Kreml im 16. Jh. aus weißem Sandstein erbaut und ersetzte damit den früheren Holz-Kreml. Bauherr war der Steinmetz Postnik Jakowlew, dem man auch den Bau der Basilius-Kathedrale auf dem Roten Platz in Moskau zuschreibt. Auf dem Gelände befinden sich zudem die Mariä-Verkündigungs-Kathedrale, 1562 erbaut, der Sjujumbeki-Turm aus dem 17. Jh. und der Palast des Gouverneurs. Vor dem Kreml steht ein Denkmal des tatarischen Dichters Mussa Dshalil, der 1944 in Berlin-Plötzensee hingerichtet worden ist. *Am Flußende der Ul. Baumana*

Universität

Die Universität entstand als zweite Hochschule Rußlands nach Moskau. Hier studierten u.a. der Dichter Leo Tolstoi (»Krieg und Frieden«) und der Sänger Fedor Schaljapin. Später wurde eine Zweigstelle der Akademie der Wissenschaften Moskaus eröffnet, mehrere Forschungsinstitute und ein Konservatorium. Seit ihrer Gründung war die Universität ein Zentrum revolutionärer Ideen. 1887 ließ sich Wladimir Iljitsch Uljanov – Lenin – an der juristischen Fakultät immatrikulieren. Später erhielt die Bildungseinrichtung seinen Namen. *Ul. Lenina 18, tgl. außer So*

MUSEEN

Museum der Bildenden Künste

Die Ausstellung zeigt Werke der russischen und tatarischen Kunst des 18.–20. Jhs. und tatarisches Kunsthandwerk seit dem 9. Jh. *Ul. Marxa, tgl. außer Mo*

Museum der Tataren

★ 1894 als Historisches und Heimatmuseum gegründet, beherbergt es mehr als 650 000 Exponate, die mit dem Leben der Völker in der Region bekanntmachen. *Ul. Lenina 2, tgl. 10–17 Uhr*

RESTAURANTS

Ratsam ist ein Kurzausflug von Moskau ohne Übernachtung, 1½ Std. Flugzeit.

Aktsharlatz
Nationalgerichte, *Ul. Jershowa 5*

Wolga
Nationale und europäische Küche, *Ul. Saida-Galigewa 1 a*

HOTELS

Kazan
Ul. Baumana 9/15

Tatarstan
Nationale und europäische Küche, *Ul. Baumana 86*

AM ABEND

Opern- und Ballett-Theater *Mussa Dshalil, Pl. Swobodij*; Tatarisches Akademisches Theater *G. Kamal, Ul. Gorkovo 13*; Schauspielhaus *W. I. Katschalow, Ul. Baumana 48*; Konzertsaal des Kazaner Staatlichen Konservatoriums, *Pl. Swobodij*

AUSKUNFT

Intourist
Im Hotel Kazan, Ul. Baumana 9/15

ZIEL IN DER UMGEBUNG

Wolga-Fahrt
Am reizvollsten ist es, das Herz Rußlands vom Wasser aus zu erkunden. Sowohl russische als auch deutsche Reiseveranstalter bieten Schiffsreisen an, die u. a. in Niznij Novgorod, Kazan, Uljanovsk und Volgograd Station machen. Gefahren wird bei Nacht, tagsüber haben Sie Gelegenheit, die Städte zu besichtigen. Die Schiffe sind recht modern und die Kabinen meist bequem. Auch wer per Bahn oder Auto anreist, muß auf eine Wolga-Fahrt nicht verzichten. Vom Frühjahr bis Herbst verkehren zwischen den Städten Passagierschiffe und die schnellen Tragflügelboote *Raketa* und *Kometa*. Buchen können Sie Teilstrecken oder mehrtägige Reisen in Intourist-Büros. Die Transportverwaltung Retschflot bietet ebenfalls Fahrten zwischen den Städten an und liegt mit Intourist in einem Konkurrenzkampf, der die Reiseführer oft zur Verzweiflung bringt. Vorbestellungen sind zudem im Moskauer Flußhafen *Sewernyi Retschnoij Voksal, Leningradskoje Schosse 51, Tel. 4 57 40 50*, möglich.

NIZNIJ NOVGOROD

Wo die Oka in die Wolga mündet, liegt mit 1,2 Mio. Ew. die größte Stadt der Region und nach Moskau und St. Petersburg die drittgrößte Stadt Rußlands. 1932 zu Ehren des hier geborenen Schriftstellers Maxim Gorkij – der Bittere –, doch gegen dessen Willen, in Gorkij umbenannt, hat sie inzwischen ihren alten Namen wiedererhalten.

Die Stadt wurde 1221 gegründet, war gleich ein bedeutendes Handelszentrum und begann schon damals mit dem Bau monumentaler Steinbauten. Im 15. Jh. war sie Stützpunkt im Kampf gegen die Tataren und im 17. Jh.

Zentrum des nationalen Widerstandes gegen die nach Rußland eingedrungenen Polen und Schweden. Im 19. Jh. entwickelte sie sich zur Stadt der Handelsmessen, deren Vorläufer der berühmte Makarjew-Jahrmarkt des 16. Jhs. beim Kloster Makarjew, rund 90 km wolgaabwärts, war.

Unter der Sowjetmacht wurde sie ein wichtiges Industriezentrum, vor allem für die Metallverarbeitung. Von hier stammen die Luxuslimousinen »Wolga« und »Tschaika«. Eine Universität, Hochschulen, Theater und Museen entstanden. Weil Gorkij aber auch eine Stätte der Rüstungsproduktion war, blieb die Stadt für Ausländer bis 1990 gesperrt. Nicht einmal die Landung auf dem Flughafen war gestattet. Dissidenten wurden nach Gorkij verbannt, so der Physiker Andrej Sacharow, der hier bis 1986 isoliert lebte. An dieser Vergangenheit trägt die Stadt immer noch schwer. Der Tourismus ist demzufolge schwach entwickelt. Dabei hat Niznij Novgorod einiges zu bieten. (C4)

BESICHTIGUNGEN

Bei einem Rundgang durch die Innenstadt kommen Sie an folgenden Sehenswürdigkeiten vorbei:

Gorkij-Gedenkstätte

Die Räume, in denen Maxim Gorkij (1868–1936) seine schwere Kindheit verbrachte, sind erhalten und zu besichtigen. Da man dem Handwerkersohn das Studium in Kazan verweigerte, eignete er sich als Autodidakt umfangreiches Wissen an. 1891 unternahm er ausgedehnte Wanderungen durch Rußland und kehrte nach einem Jahr in seine Heimat zurück. Hier begann er zu schreiben: »Meine Kindheit«, »Meine Universitäten«, »Die Mutter«, »Das Werk der Artamanows« u. a. Er war Mitbegründer des sozialistischen Realismus. Trotz seiner Freundschaft mit Lenin blieb er ein Kritiker der kommunistischen Gesellschaft.

Die Fahrt auf dem Wolga-Don-Kanal gehört unbedingt zur Rußlandreise

Handelshaus

Eines der herausragenden Werke des russischen Jugendstils ist das Haus des S. M. Rukawischnikow (1908/09). Es erinnert an den Jahrmarkt von Niznij Novgorod, der berühmten altrussischen Handelsmesse, aus dem vergangenen Jh. Hier schlugen mehrere tausend Händler alljährlich ihre Stände auf.

Kreml

★ 1374 wurde mit dem Bau des steinernen Kreml begonnen, den ein Moskauer Meister 1511 beendete. Er erhebt sich über einen Steilhang am östlichen Ufer bei der Mündung der Oka in die Wolga. Von dort hat man einen eindrucksvollen Blick auf die Stadt. Den Kreml umgibt eine Mauer von über zwei km Länge. Von den ehedem 13 Türmen sind 11 erhalten. Besonders originell ist der Uhrturm, der einst als Wachturm diente. Auf dem Kreml-Gelände liegt auch die Erzengel-Kathedrale, die wertvolle Fresken und einen prächtigen mittelalterlichen Altar besitzt.

ULJANOVSK

Die Stadt (640 000 Ew.) liegt 246 km flußabwärts von Kazan an einer breiten Stelle der Wolga, die hier ruhig und gleichmäßig fließt. 1648 als Simbirsk gegründet, erhielt sie 1924 – nach dem Tod Wladimir Iljitsch Uljanovs (Lenin), der dort 1870 geboren worden war – ihren derzeitigen Namen.

Die günstige Lage an der mittleren Wolga verschaffte der Stadt einen raschen Aufschwung als Handelszentrum. Mit der industriellen Entwicklung und dem Bau von Eisenbahnlinien verlor die Stadt jedoch an Bedeutung und war zu Anfang des 20. Jhs. eine stille Kleinstadt mit hübschen kleinen Holzbauten sowie gediegenen Häusern des Bürgertums und des Adels im Zentrum, umgeben von einer ärmlichen Vorstadt. Erst nach der Revolution 1917 entwickelte sich hier auch die Industrie, vorwiegend Maschinen- und Fahrzeugbau. Drei Hochschulen und rund 20 Fachschulen kamen hinzu, Theater, Konzertsäle und eine namhafte Bibliothek. Der Buchpalast besitzt über eine Mio. Titel, darunter Sammlungen des russischen Satirikers Michail Saltykow, des Dichters Nikolai Nekrassow und des Dramatikers Alexander Ostrowski. Weltbekannt wurde die Stadt allerdings vor allem durch Leben und Wirken Lenins. (D 4)

BESICHTIGUNGEN

Gontscharow-Heimatmuseum

Das Gontscharow-Haus wurde 1916 im pseudoorientalischen Stil zu Ehren des hier geborenen Erzählers Iwan Gontscharow (»Oblomow«, 1859) gebaut. Das Museum macht außerdem mit Natur, Geschichte und bedeutenden Persönlichkeiten der Region bekannt. *Bul. Nowy Venez 3/4, tgl. von 10–17.30 Uhr*

Kunstmuseum

Es beherbergt Werke russischer Maler des 18. und 19. Jhs. sowie anderer europäischer Künstler, vor allem aus Spanien, Frankreich und den Niederlanden. *Das Museum ist im Gontscharow-Haus untergebracht.*

Lenin-Haus

In einem eingeschossigen Holzhaus in der Leninstraße 58 lebte die Familie Uljanov mit ihren sechs Kindern von 1878 bis 1887. Seit 1929 ist das Haus ein Museum. *Ul. Lenina 58, tgl. von 10–18 Uhr, außer Di; keine Führungen*

Lenin-Memorial

★ Das Bauwerk aus weißem Marmor wurde 1970 zum 100. Geburtstag Lenins im Stadtzentrum eingeweiht. In seinem Innenhof steht das Geburtshaus des Revolutionsführers, das die Familie 1870/71 bewohnte. Es wurde als Kult- und Wallfahrtsstätte eingerichtet. In dem Komplex befinden sich ein Museum, ein Konzert- und ein Kinosaal. *Die Öffnungszeiten für die verschiedenen Einrichtungen sind unterschiedlich, in der Regel von 10–18 Uhr.*

RESTAURANT

Das Keller-Café *Pogrebok* ist eher ein Barbetrieb und schließt um 17 Uhr. *Ul. Gontscharova 44, hinter dem Hotel Venez.*

HOTELS

Rossija

Ul. Marxa 23

Die schmucken Holzhäuschen finden sich überall in Rußland

Venez
Zentral gelegen und von mittlerem Komfort mit dem *Café Molodjoshnoje, Ul. Sowjetskaja 15, Tel. 94595*

Wolga
Bul. Gontscharowa 3

AM ABEND

Junge Leute treffen sich *im Klubraum des Pionier-Theaters,* wo es auch ein Café gibt. Hier ist immer was los. *Ul. Marxa 11*

Schauspielhaus, Ul. Sowjetskaja 8; Konzertsaal *im Palast der Gewerkschaft, Ul. Marxa 2*; Philharmonie, *Pl. Lenina 5*

AUSKUNFT

Intourist
Im Hotel Venez, Ul. Sowjetskaja 15, 3. Etage

ZIEL IN DER UMGEBUNG

Wasserkraftwerk »Lenin«
★ 150 km flußabwärts von Uljanovsk entfernt liegt der Kuibyschewer Wolga-Stausee mit dem Kraftwerk. Ausflüge mit dem Motorboot sind zu empfehlen. (D 4)

VOLGOGRAD

Wohl kaum eine andere Stadt hat eine derart tragische Vergangenheit wie Volgograd. Sie wurde 1589 – 930 km von Moskau entfernt – als Wachfestung Zaryzin am Unterlauf der Wolga errichtet. Schnell entwickelte sie sich wirtschaftlich und zählte im Revolutionsjahr 1917 135 000 Einwohner. Während des Bürgerkrieges 1918–20 fanden in Zaryzin erbitterte Kämpfe statt. Der Ort wurde zum wichtigen Stützpunkt der Revolutionäre. Damit hatte sich die Stadt 1925 den Namen Stalingrad erworben. Zahlreiche Fabriken entstanden, darunter das erste Traktorenwerk, in dem später der legendäre Panzer T-34 produziert wurde. Stalingrad wurde zu einem Wirtschaftszentrum der Sowjetunion.

Die erbitterten Kämpfe im Zweiten Weltkrieg legten die Stadt in Schutt und Asche. Nicht ein einziges Haus blieb erhalten. 160 Tage und Nächte – von August 1942 bis Februar 1943 – dauerte die Schlacht an der Wolga. Dann war die eingekesselte 6. deutsche Armee zur Kapitulation gezwungen. Über eine Mio. Soldaten hatten ihr Leben

Die Straße der Helden erinnert an die Opfer des Krieges

verloren. Mit der Schlacht um Stalingrad nahm der Krieg eine Wende. Nach Kriegsende wurde die Stadt wiederaufgebaut und völlig neu gestaltet. Heute leben rund eine Mio. Menschen in Volgograd, die 1961 im Zuge der Entstalinisierung ihren jetzigen Namen erhielt.

Zeugen der Vergangenheit – Kirchen und Klöster etwa – sucht man in dieser Stadt also vergebens. Die Gedenkstätten erinnern an die jüngste Geschichte und mahnen, Kriege nie wieder zuzulassen. (C 5)

BESICHTIGUNG

Mamajew-Kurgan
★ Nahe dem Zentrum – drei km nördlich – liegt diese Anhöhe. ⊛ Sie war 1942 wichtigster Punkt für die Verteidigung von Stalingrad. 1200 Granatsplitter und Munitionsreste, so ermittelten Experten später, sollen sich auf jeden Quadratmeter verteilen. 1967 wurde hier zu Ehren der Gefallenen eine Gedenkstätte errichtet. Dazu gehören die Ruhmeshalle mit dem ewigen Feuer, eine Ruinenwand mit Kampfszenen, ein Platz der Helden und der Platz auf Leben und Tod. Über allem erhebt sich das 52 m hohe Standbild der Mutter Heimat. *Erreichbar mit Taxi oder Bus Nr. 17 von Ul. Komsomolskaja*

MUSEUM

Museum der Bildenden Künste
Werke russischer Künstler aus Vergangenheit und Gegenwart sind hier zu sehen. Besondere Aufmerksamkeit gebührt den Künstlern der Stadt und der Umgebung. 3000 Werke der Malerei, Graphik und Bildhauerkunst – zum Teil im Stil des sozialistischen Realismus – wurden hier zusammengetragen. *Pr. Lenina 11, tgl. 11–18 Uhr, außer Mi*

HOTELS

Intourist
Ul. Mira 14, Tel. 36 45 52

Oktyabrskaja
Das Hotel war bislang Staatsgästen und Parteifunktionären vorbehalten. Hier bekommen Sie die besten Speisen der Stadt. *Am Stadtgarten, Gorodskie Sada*

Volgograd
Ul. Mira 12, Tel. 36 17 72

AM ABEND

Musikalische Komödie, *Krasnipoterskala Atr. 4,* Puppentheater, *Pr. Lenina 15;* Schauspielhaus Gorkij, *Pl. Pavshik Borzov 5*

AUSKUNFT

Hotel Intourist
Ul. Mira 14, Tel. 36 45 53

ZIEL IN DER UMGEBUNG

Wolga-Don-Kanal
★ ⊛ Ein Erlebnis ist eine Fahrt mit einem Kutter oder Tragflügelboot. Der Kanal ist 101 km lang und hat 13 Schleusen. Er verbindet seit 1952 Wolga und Don und verschafft Volgograd damit Zugang zum Kaspischen Meer, Schwarzen Meer, zum Asowschen und zum Weißen Meer sowie zur Ostsee. *Karten gibt es über Intourist oder an Schalter 1 bei der Schiffsanlegestelle, Verlängerung Ul. Lenina.* (C 5)

Das ganze Jahr lang ist Saison

Soči ist die »Perle« von Südrußland. »Narsan« aus Kislovodsk gilt als Lebenselexier

Das Reisegebiet Südrußland umfaßt die Region südlich von Rostov-na-Donu (dt. Rostow am Don): die Ferienzentren am Schwarzen Meer zwischen Novorossijsk und Soči, die Mineralbäder im Nordkaukasus und die Skigebiete um den 5633 m hohen Elbrus. Die Natur hat diese Region üppig ausgestattet mit fruchtbaren Steppen, ewig eisbedeckten Berggipfeln, subtropischer Flora, heilsamen Quellen und langen Stränden.

Man erreicht Südrußland, den Nordkaukasus und die Schwarzmeerküste mit dem Flugzeug vom Moskauer Inlandflughafen Vnukovo über Rostov-na-Donu nach gut zwei Stunden. Die Bahnfahrt über 1350 km dauert etwa 20 Stunden. Die Anreise mit dem Auto ist mühsam, aber inzwischen möglich. Und mit dem Schiff schließlich können Sie, aus Marseille, Venedig, Istanbul, Piräus oder dem bulgarischen Hafen Warna kommend, bereits erste Urlaubstage genießen, bevor sie Soči anlaufen.

Faszinierend: hoch im Kaukasus

In den vergangenen zwei Jahren haben sich die politischen Konflikte und sozialen Unruhen im Kaukasus, aber auch im benachbarten Georgien, in Aserbaidshan und Armenien auch auf den internationalen Tourismus ausgewirkt.

Die kaukasischen Mineralbäder – im Gebiet der Karatschaier und Tscherkessen gelegen – gehören zum Verwaltungsbezirk Stavropol. Dazu gehören die Kur- und Badeorte Jessentuki, Kislovodsk, Pjatigorsk und Shelesnovodsk. Über 130 Mineralquellen mit unterschiedlicher chemischer Zusammensetzung sprudeln hier. Sie sollen Herz- und Kreislaufkrankheiten, Stoffwechselstörungen und Hautkrankheiten heilen.

Mineralnyje Vody heißt das Zentrum, von wo aus die nordkaukasischen Bäder zu erreichen sind. Bereits im 18. Jh. entstanden hier die ersten Bäder, eine Eisenbahnlinie nach Rostov-na-Donu schaffte den Anschluß an die großen russischen Städte. Die Quellen haben ihre Wirkung nicht verloren. Über 70 Sanatorien, Hotels und Erholungsheime stehen in- und ausländischen Besuchern offen. Viele Mineralwässer mit Namen wie »Narsan« oder »Jessentuki Nr. 10« sind in guten Restaurants Rußlands bekannt. Das Klima ist gemäßigt kontinental und mild. Die beste Reisezeit sind die Monate September und Oktober. (C 6)

KISLOVODSK

★ Diesen in 850 m Höhe gelegenen Kurort kennt in Rußland jedes Kind – für ausländische Touristen ist Kislovodsk, ebenso wie die anderen im Kaukasus gelegenen Mineralbäder, noch ein Geheimtip. 1803 gegründet, ist der Ort (120 000 Ew.) vor allem durch seine Quelle »Narsan« – kabardinisch für »Trunk der Krieger« – bekannt.

Das Wasser gilt geradezu als Lebenselexier: Man trinkt es, man badet darin oder inhaliert es. Trinkhallen und viel Grün für den kurenden Gast prägen das Bild der Stadt. (C 6)

BESICHTIGUNGEN

Narsan-Galerie
Die berühmte Mineralquelle ist von einem historischen Bauwerk umschlossen. Sie sprudelt unter einer Glasglocke. *Tgl. 7–9.30, 10.30–15, 16–19 Uhr*

Park
Der wunderschöne alte Park am Olchovka-Fluß verfügt über eine Lesehalle mit dem poetischen Namen *Chram Wosducha*, »Tempel der Luft«, und ein gleichnamiges Restaurant. Von hier aus blickt man auf die zu Füßen liegende Stadt. *Unterhalb der Narsan-Galerie*

HOTELS

Kavkas
Mittelklassehotel mit Restaurant und Bar. *Pr. Dsershinskogo 24, Tel. 5 34 97*

Narsan
Recht komfortables Kur- und Behandlungszentrum mit Restaurant, Sauna und Swimmingpool. *Ul. Sheljakova*

ZIEL IN DER UMGEBUNG

Jessentuki
Zwischen Kislovodsk und Pjatigorsk liegt diese Kleinstadt im weiten Gebirgstal des Podkimok. 1827 als Kosaken-Staniza gegründet, wurde sie bald zum Kurort ausgebaut. Die Häuser und die Wandelhallen der Mineralbäder sind im klassizistischen Stil errichtet. In einem großen Park liegen zahlreiche Sanatorien. Der Ort gilt als der am wenigsten interessante der Mineralbäder. (C 6)

PJATIGORSK

Die Stadt mit 120 000 Ew. gehört zu den größten und ältesten unter den Kur- und Badeorten. Hier gibt es die meisten und die vielfältigsten Quellen: heiße, warme und kalte, mit Schwefel, Kohlensäure oder Eisen, mehr oder weniger radioaktiv zur Behandlung der unterschiedlichsten Krankheiten. Das Institut für Balneologie gilt international als Zentrum der Wirkungsforschung von Heilbädern. Der jung verstorbene russische Dichter Michail Lermontow (1814 bis 1841) verbrachte hier seine letzten Lebensmonate. (C 6)

BESICHTIGUNG

Pavillon Äolsharfe

★ Auf dem Weg zum Gipfel des Gorjatschaja-Berges, auf den eine Seilbahn führt, befindet sich ein Fleckchen, an dem sich Lermontow oft aufhielt. Weiter oberhalb dieser Stelle – nach etwa einer Stunde Fußweg (!) – treffen Sie auf jenen Ort, wo der Poet bei einem Duell getötet wurde. Dort befindet sich ein Denkmal, das ihm zu Ehren 1915 errichtet wurde und viele Besucher anzieht. Von dem Pavillon aus hat man eine außergewöhnliche Sicht auf den schneebedeckten Elbrus. *Bus Nr. 1 fährt vom Bahnhof aus zur Seilbahnstation*

RESTAURANT

Radost Café

Kleines armenisches Restaurant mit ausgezeichneten Speisen. *Ul. Dsershinskogo*

HOTELS

Beschtau

Mittelklassehotel für Gruppenreisende. *Ul. Patrisa Lumumbij 17, Tel. 9 96 62*

Intourist

Zentral gelegenes, modernes Haus; Zimmer mit Balkon und schöner Aussicht; 3 Restaurants und Cafés. *Pl. Lenina 14, Tel. 5 91 77*

Maschuk

Hotel mit Restaurant *Drushba*, wo abends Musikgruppen auftreten. *Pr. Kirova 26*

ZIEL IN DER UMGEBUNG

Shelesnovodsk

Der kleinste und malerischste Kurort mit 40 000 Ew. liegt 25 km von Pjatigorsk entfernt in 650 m Höhe. Hier werden 20 Mineralquellen genutzt. In den Sa-

MARCO-POLO-TIPS FÜR SÜDRUSSLAND

1 **Matsesta**
»Feuriges Wasser« heilt alle Wunden (Seite 77)

2 **Kislovodsk**
Unter dem Namen Mineralyje Vody sind die vier schönen Mineralbäder Kislovodsk, Jessentuki, Pjatigorsk und Skelesnovodsk berühmt geworden (Seite 72)

3 **Pavillon Äolsharfe bei Pjatigorsk**
Hier wurde der Dichter Lermontow im Duell getötet (Seite 73)

4 **Kosaken-Museum in Novočerkassk**
Die Kosaken sind gute Reiter (Seite 75)

5 **Rostov-na-Donu**
Das »Tor zum Kaukasus« öffnen Sie mit dieser Stadt (Seite 74)

6 **Soči**
Der Kurort am Schwarzen Meer wird verglichen mit Nizza und Cannes. Der botanische Garten sucht in der Welt seinesgleichen (Seite 75)

natorien werden Schlammpakkungen aus dem Großen Tambukan-Salzsee zur Heilung von urologischen Erkrankungen aufgelegt. Hier sprudelt die einzige heiße Kalziumquelle der Welt. (C 6)

ROSTOV-NA-DONU

★ Die Stadt Rostow am Don liegt am rechten Steilufer des Flusses, knapp 50 km von der Mündung ins Asovsche Meer entfernt. Die 950 000 Ew. sind vor allem in der Schwerindustrie, im Landmaschinenbau sowie im Schiffsbau tätig. Die über 150 Industriebetriebe haben auf die Umwelt keine Rücksicht genommen. Das Asovsche Meer gilt heute als ökologisches Katastrophengebiet. In der Region um die Stadt dominiert der Weinanbau. Von hier stammt der berühmte russische Schampanskoje.

Die Stadt wurde 1749 gegründet – als Zollstation für Waren und zum Schutz der Handelswege. Als 1761 das Zollamt zur Festung ausgebaut wurde, erhielt der Ort Stadtrechte und seinen heutigen Namen zu Ehren des Metropoliten Rostovski. Die günstige Lage beschleunigte die Entwicklung zu einem Umschlagplatz für den Handel mit dem Süden. Kohle, Getreide, Eisenerz und Hölzer verließen den Hafen. Um 1900 waren 30 000 Arbeiter in den Betrieben tätig. Das brachte der Stadt den Namen »Chicago Rußlands« ein. Im Zweiten Weltkrieg erlitt Rostov unter deutscher Besatzung schwere Zerstörungen. Nach dem Krieg entstand die Stadt schachbrettartig neu. Das Klima in der Region ist kontinental, mit mäßig kalten Wintern von etwa 7 Grad minus im Januar und langen heißen Sommern mit rund 23 Grad im Juli. (C 5)

BESICHTIGUNG

Gorkij-Theater
Das 1863 gegründete Theater wurde in den 30er Jahren im Stil des Konstruktivismus als Schauspielhaus errichtet. Es hat die Form eines Traktors und zählt zu den bekanntesten Sprechbühnen Rußlands. Viele Dramen Gorkijs, der einige Zeit in Rostov verbrachte, wurden hier aufgeführt. *Pl. Teatralnaja*

MUSEEN

Heimatmuseum
In 18 Räumen dokumentiert das Museum die Geschichte der Region. Beachtenswert sind die Exponate aus dem 2. vorchristlichen Jh. mit Kultgegenständen der Skythen. *Ul. Engelsa 79, tgl. 9–17 Uhr, außer Mo*

Museum der Bildenden Künste
Hier finden Sie eine reiche Sammlung von Werken russischer Künstler vom 16. Jh. beginnend, darunter Arbeiten des Malers Ilja Repin (1844–1930) und Wassili Surikow (1848–1916) sowie Werke des sozialistischen Realismus. *Ul. Puschkinskaja 115, tgl. 10–18 Uhr, außer Di*

HOTELS

Intourist
Ein Haus der Mittelklasse mit hohen Restaurantpreisen, aber selten heißem Wasser in den Zimmern. *Ul. Engelsa 115, Tel. 65 90 65*

Moskovskaja
Ein Hotel mit dem Charme der Vergangenheit. *Ul. Engelsa 62, Tel. 38 87 00*

Tourist
Etwas außerhalb gelegen. *Pr. Budjonnovskij 59, Tel. 39 18 18*

ZIELE IN DER UMGEBUNG

Donkosaken-Museum
★ Rund 40 km nördlich der Stadt liegt die alte Kosakensiedlung Novočerkassk, die 1805 Verwaltungszentrum der Donkosaken wurde. Ein 1904 errichtetes Bronzedenkmal auf dem gleichnamigen Platz ehrt den legendären Kosaken Jermak, der 1584 bei der Eroberung Sibiriens durch die Tataren fiel. Das Museum der Kosaken aus dem Jahr 1899 macht mit dem Brauchtum jener seit dem ausgehenden 15. Jh. existierenden Krieger bekannt, die in der russischen Geschichte als unerschrockene Kämpfer eine besondere Rolle spielten. *Ul. Sovjetskaja 38, tgl. 10 bis 17 Uhr, außer Mo.* (C 5)

Petrovskij Pritschal
In dem beliebten Ausflugsort befindet sich das Restaurant *Fregat*, das die Form eines Segelschiffes hat. Neben Café und Bar trifft der Besucher auch auf eine finnische Sauna. Zudem gibt es die Möglichkeit, einen Ausritt in die Umgebung zu machen. *Am Don-Ufer, rund 3 km von Rostov entfernt* (C 5)

SOČI

★ Die russische Schwarzmeerküste erstreckt sich über eine Länge von 300 km. Nahezu die Hälfte nehmen Urlaubsorte mit der Stadt Soči als Zentrum ein. Hier herrscht subtropisches Klima, nicht anders als in Nizza oder Cannes. Nur an wenigen

Die Blüten und Bauten des Dendrariums in Soči sind eine Ruheoase

Freundschaftsbaum

Vor einem halben Jahrhundert pflanzte der Züchter Fjodr Sorin im botanischen Garten von Soči einen Baum, auf dessen Zweige er verschiedene tropische und subtropische Reiser pfropfte. Heute wachsen an diesem Unikum japanische Mandarinen, italienische Zitronen, südamerikanische Pampelmusen und andere Zitrusfrüchte. Man nennt ihn daher den »Baum der Freundschaft«. Bekannte Besucher der Schwarzmeerküste haben ihre Namen in seiner Rinde verewigt, so der mexikanische Maler David Alfaro Siqueiros und der französische Dichter Jean Bruller unter seinem Pseudonym Vercors.

Tagen im Winter fällt Schnee. Die Badesaison reicht von Mai bis Ende Oktober. Die Kurorte empfangen das ganze Jahr über ihre Gäste – in Sanatorien, Hotels, Erholungsheimen, Kinderferienlagern und Jugendherbergen. Dem Wasser des Schwarzen Meeres werden ebenfalls heilsame Eigenschaften zugeschrieben. Seine durchschnittliche Tiefe beträgt über 1000 m. Der Salzgehalt nimmt mit der Tiefe zu, in größeren Tiefen kommt Schwefelwasserstoff hinzu. Über 100 Flüsse münden in das Meer.

Die »südliche Perle Rußlands« wird Soči genannt. Die Stadt (190 000 Ew.) hat sich seit Anfang dieses Jhs., als die schwefelwasserstoffhaltigen Mineralquellen wegen ihrer Heilwirkung in ganz Rußland berühmt wurden, einen internationalen Ruf erworben. Für die Russen und ihre Nachbarn ist Soči mit der Region Groß-Soči (145 km entlang der Schwarzmeerküste) das Ferienzentrum Nummer eins: Jährlich verbringen über drei Mio. Menschen hier ihren Urlaub. Die Weite des Strandes und das Hinterland lassen dabei keine Platzangst aufkommen. Das Klima ist noch subtropisch geprägt. In den Sommermonaten liegen die Temperaturen bei rund 22 Grad, an den Abenden weht eine kühle Meeresbrise. Gegen die Winde aus dem Norden schützen die Berge des Kaukasus. Hier gibt es eine üppige Vegetation und Heilquellen. Soči selbst ist ein einziger Park, über 80 Prozent des Stadtgebietes sind fast das ganze Jahr über grün. Die Stadt, die sich als schmaler Streifen fast 15 km an der Küste entlangzieht, bietet auch den modernen Wasserratten ein breites Programm: Man kann tauchen, unter Wasser jagen, Wasserski laufen und Boot fahren.

Die Berge rund um Soči sind ein gut erschlossenes Wandergebiet. (C 6)

BESICHTIGUNGEN

Dendrarium

In diesem botanischen Garten aus dem vergangenen Jh. gibt es eine einzigartige Sammlung von über 2000 subtropischen Gewächsen, durchsetzt mit Bächen und Teichen. Alleen und Springbrunnen laden zum Schlendern und Verweilen ein. *Ul. Fabriziusa 2/28, tgl. 10–17 Uhr, außer So*

Riviera-Park
Über die Uferpromenade, die mit Kastanien, Zypressen, Palmen und Magnolien bewachsen ist, erreicht man diesen Park. Eine Sehenswürdigkeit ist die Allee der Schriftsteller. Beim Spazierengehen schlendert man an Büsten klassischer und zeitgenössischer Dichter des Landes entlang. *Jenseits der Uferpromenade*

HOTELS

Intourist-Kamelija
Ein Hotel der gehobenen Mittelklasse mit Restaurant, Bar und bewachtem Parkplatz. *Kurortny Pr. 91, Tel. 99 02 92, 264 Zi.*

Shemtschushina
Hier gibt es Swimmingpool und Sauna sowie Varieté. *Ul. Tschernomorskaja 3, Tel. 93 43 55 u. 92 21 11, 958 Zi.*

EINKAUFEN

Ein gut ausgestattetes Schmuckgeschäft gibt es in der *Ul. Navaginskaja 12*, Souvenirs und Schallplatten am *Pr. Kurortny 16.*

AM ABEND

Staatstheater
Das 1937 errichtete Schauspielhaus ist bekannt für seine Gastspiele in- und ausländischer Theatergrößen. Ebenso renommiert sind seine Konzerte. *Ul. Teatralnaja 2*

AUSKUNFT

Intourist-Büro
Das Büro ist im *Hotel Intourist Kamelija* erreichbar. *Tel. 99 06 71* und *99 05 90*

ZIELE IN DER UMGEBUNG

Bolschoi Achun
In zwei Wanderstunden erreichen Sie – vorbei an malerischen Berghängen – die 663 m hoch gelegene Bergkuppe Bolschoi Achun. Vom Aussichtsturm genießen Sie den Blick auf das tiefblaue Schwarze Meer und den kaukasischen Hochkamm. In einem kleinen Restaurant wird kaukasische und russische Küche angeboten. (C 6)

Dagomys
20 km nördlich vom Stadtzentrum liegt diese Feriensiedlung. Eine Promenade mit Ruhezonen durchzieht den Ort, bewachsen mit Oleander, Zypressen und Rosen. (C 6)

Kaukasus-Naturschutzgebiet
85 km nördlich von Soči, etwa 600 m über dem Meeresspiegel, liegt inmitten zahlreicher Mineralquellen und Ruinen altertümlicher Festungen die Ortschaft *Krasnaja Poljana*. Im Sommer ist das Tal mit einem dichten Blumenteppich bedeckt, im Winter eingehüllt in Schnee. In einem kleinen Museum gibt es eine Mineraliensammlung. (C 6)

Matsesta
★ Nach dem gleichnamigen Fluß ist dieses Heilbad 8 km südöstlich von Soči benannt. Die Heilkraft seines Wassers – Matsesta heißt auf abchasisch »feuriges Wasser« – hat viele Sanatorien entstehen lassen. Die 20–45 Grad warmen schwefelwasserstoffhaltigen Quellen sind seit Jahrhunderten bekannt und haben den Ruf Sočis als Kurort begründet. (C 6)

100 Kilometer sind keine Entfernung

Unberührte Taiga und gigantische Städte ergeben einen widersprüchlichen Reiz

Sibirien und den Fernen Osten erschließt sich der aus Europa kommende Reisende am besten von Irkutsk aus. Mit dem Flugzeug vom Moskauer Inlandflughafen Domodedowo aus erreicht man die 4750 km entfernte Stadt nach sechs Stunden. Über fünf Zeitzonen hinweg fliegt man der Sonne entgegen. Mit der Transsibirischen Eisenbahn müssen Sie sich schon auf eine kleine Weltreise einlassen. Vom Jaroslavler Bahnhof in Moskau aus fährt die Lok nach 87 Stunden oder 5191 km im Irkutsker Bahnhof ein. Mit dem Auto geht die Fahrt über Niznij Novgorod, Kazan, Tscheljabinsk, Kurgan, Omsk, Novosibirsk und Krasnojarsk. Eine nicht ganz risikofreie Tour, die in die Kategorie Abenteuerreisen fällt. Die Straßen sind teils zermürbend, und in der Nähe von Großstädten versperrt der Lkw-Verkehr eine zügige Fahrt.

Am Rande des Baikalsees stehen noch einige Häuschen, danach beginnt die Taiga. Es gibt in Sibirien immer noch von Menschen unberührte Flecken

Sibirien – was verbindet sich nicht alles mit diesem Wort? Das Gebiet zwischen Ural und Pazifik – tatarisch »schlafendes Land« – blieb jahrtausendelang unberührt. Und auch heute noch gibt es viele Flecken, die kein menschlicher Fuß je betreten hat. Tataren, Burjaten, Jakuten und Tungusen lebten auf dem riesigen Territorium, bis die Russen begannen, den »steinernen Gürtel« – die Weiten hinter dem Ural – zu erkunden, und nach Osten vordrangen. Ein Häuflein kühner Kosaken unter Führung des Hauptmanns (Hetman) Jermak Timofejewitsch gilt als eigentliche Eroberer Sibiriens. Das war 1581. Die Reichtümer der Taiga, allen voran die Pelztiere, lockten die Kosaken an. Die Eroberung folgte dem Lauf der Flüsse. Die Nebenarme der sibirischen Flüsse verlaufen von Westen nach Osten und kommen am Oberlauf einander ziemlich nahe.

Nach den Kosaken kamen die zaristischen Woiwoden – oberste Beamte – und Lehnsleute, zwangen die Völkerschaften zu Abgaben – Zobel-, Eichhörnchen- oder Fuchsfelle –, errich-

MARCO-POLO-TIPS FÜR SIBIRIEN UND DEN FERNEN OSTEN

1 Bratsk
Machen Sie sich ein Bild von Stadt- und Wirtschaftsplanung im früheren Sozialismus (Seite 81)

2 Heimatkunde-Museum in Irkutsk
Im ältesten Museum Sibiriens finden Sie den Schlüssel zum Verständnis (Seite 84)

3 Bahnhof in Novosibirsk
Der größte Bahnhof Rußlands ist ein Treffpunkt vieler Nationalitäten (Seite 86)

4 Wanderung ab Hotel »Baikal«
Bei einer Wanderung in der Taiga spüren Sie den Goldsuchern nach (Seite 85)

teten feste Siedlungen an den Flußläufen *(Ostrogs)* und gründeten Zarendörfer, in denen sich Russen niederließen.

»Ab nach Sibirien« wurde schon Ende des 16. Jhs. zu einem festen Begriff. Politische Gegner des zaristischen Regimes wurden für Jahre oder gar lebenslänglich in die Verbannung geschickt. Das galt nicht nur für die Menschen. Einmal wurde die Glocke der Stadt Uglitsch bei Jaroslavl »verbannt«, weil sie 1591 nach der Ermordung des Zarewitsch Dimitrij geläutet und sich dadurch den Zorn des Herrscherhauses zugezogen hatte. Ihr wurde der Klöppel herausgerissen, und sie wurde gemeinsam mit Einwohnern der Stadt nach Tobolsk abtransportiert. Erst 300 Jahre später wurde sie »begnadigt« und konnte zurückkehren.

Jahrhundertelang gab es geradezu Massendeportationen: Adelige des Dezemberaufstandes von 1825 (Dekabristen), Schriftsteller, Sozialrevolutionäre und Bolschewiki. Wegen seiner Weite und Unwegsamkeit kam Sibirien einem geschlossenen Gefängnis gleich. An Eisenbahnknotenpunkten entstanden Haftanstalten, um 1900 zählte man 287000 Staatsverbrecher. Vor allem im Zuge der Zwangskollektivierung und Stalins Säuberungsaktionen wurden Millionen politischer Gegner in die Arbeitslager geschickt, viele kamen dort um.

Sibirien ist aber auch ursprüngliche Natur mit fast unermeßlichen Reichtümern: Gold, Zinn, Uran und Öl; ein Land voller Geheimnisse und Rätsel. Sibirien bedeutet 12,8 Mio qkm Landmasse mit nur 25 Mio. Menschen. Das Land ist reich an Brennstoff- und anderen Energievorkommen, Erzen, nichtmetallischen Bodenschätzen, gewaltigen Wasserläufen und 770 Mio. ha Wald. Königin der Taiga ist die Lärche, daneben Tannen, Birken und Pappeln. Steppe, Taiga und Tundra bieten dem Reisenden eine Menge Abwechslung. Der russische Schriftsteller Anton Tschechow (1860–1904) schrieb: »Die Kraft und der Zauber der Taiga liegen ... darin, daß vielleicht nur die Zugvögel wissen, wo sie zu Ende ist.«

Wer Sibirien im Winter besucht, braucht vor allem warme, gut isolierende Kleidung und gefütterte Stiefel. Im Januar sinkt die Quecksilbersäule auf bis zu 50 Grad minus. Im Frühjahr und Spätherbst benötigt man einen gefütterten Anorak und wasserdichtes Schuhwerk. Die Sommer sind kurz und heiß, dennoch empfehlen sich ein warmer Pullover und Regenmantel. An das alte sibirische Sprichwort sei an dieser Stelle erinnert: Hundert Rubel sind kein Geld, hundert Jahre kein Alter und hundert Kilometer keine Entfernung.

BRATSK

★ Die Stadt am Oberlauf des Angara-Flusses gehört zum Verwaltungsbezirk Irkutsk, wenn auch 650 km entfernt. Bratsk mit 280 000 Ew. ist jung und ein typisches Beispiel für die Erschließung Sibiriens, die gigantische wirtschaftliche Entwicklung einerseits und den Raubbau an der Natur andererseits. Mehrere Wasserkraftwerke, ein riesiges Holzkombinat und ein Aluminiumwerk sind hier entstanden.

1631 errichteten Kosaken und Forschungsreisende zunächst eine hölzerne Festung, um von hier aus Expeditionen ins weite Land zu unternehmen. Lange galt der Ort als das Ende der bekannten Welt, denn jeder Schritt nach Norden oder Osten bedeutete Neuland. Erst 1955 erwachte die Siedlung, als nach den ersten Freiwilligen Arbeiter angesiedelt wurden, um die Industrievorhaben zu entwickeln. (L 4)

BESICHTIGUNG

Staudamm

Das Wasserkraftwerk gehört zu den größten der Welt und ist ein Beispiel für die frühere Gigantomanie der Sowjetunion. Bis heute kann es lediglich zu 50 Prozent genutzt werden, weil nicht genügend Bedarf an Strom besteht. Der Damm ist 5 km lang und 127 m hoch. Der aufgestaute See reicht über 500 km weit den Angara-Fluß aufwärts. An seinen Buchten liegen Ferienheime, Campingplätze, Sport- und Jugendherbergen. Das »große Meer in der Taiga« lädt an vielen Stellen zum Baden ein. *Mit dem Bus Nr. 7 nach Norden vom Hotel Bratsk und vom Hotel Taiga aus, Fahrtzeit eine $^{3}/_{4}$ Std.* (L 4)

MUSEUM

Heimatmuseum

Die Ausstellung dokumentiert die Erschließung der Region und den Pflanzen- und Tierreichtum, aber auch das industrielle Wachstum der Stadt. *Ul. Komsomolskaja 38, tgl. 10–18 Uhr*

HOTELS

Bratsk

Einige Räume sind mit Bad ausgestattet. Das Hotel hat ein Restaurant und ein Dach-Café. *Ul. Deputatskaja 32, Tel. 4 46 44*

Taiga

Von Intourist geführt; im Restaurant gibt es sibirische Küche, russisches Bier und laute Musik. *Ul. Mira 35, Tel. 4 39 78*

Ein Loch im Eis

Die Russen sind wahre Wasserfreunde – zu jeder Jahreszeit. Wenn im Winter der Frost eine dicke Eisschicht über Seen und Flüsse zieht, wird kurzerhand ein Loch gehackt. Das tun die *Morshi*, die Eisbader, auch Walrösser genannt. Eine solche Zeremonie ist oft ein kleines Volksfest mit mehr zitternden Zuschauern als Wagemutigen. Dazu gibt es am Ufer dampfenden Tee und heiße Suppen. Weniger spektakulär gehen die passionierten Angler zu Werk. Dick vermummt harren sie oft stundenlang an einem Eisloch aus und warten auf die Beute. Ist das Eis dick genug, dann entzünden sie hie und da schon mal ein kleines Feuerchen. Ein Schluck aus der Wodkaflasche wärmt dazu von innen.

ZIEL IN DER UMGEBUNG

Angara-Dorf
Am Rand der Taiga liegt die kleine Siedlung von Holzhäusern, Speichern, einer Kirche und einem Holzturm aus dem 17. Jh. – Teil der früheren Festung –, die einem Stausee zum Opfer gefallen und hier wieder errichtet wurde. Angegliedert ist ein *Freilichtmuseum der Ewenken*, der frühen Einwohner. In den Pfahlbauten – *Tschums* – wurden einst Lebensmittel und Jagdbeute aufbewahrt. *18 km vom Stadtzentrum entfernt in Richtung Norden, im Sommer geöffnet von 10–17 Uhr, außer Mo* (L 4)

CHABAROVSK

Die 600 000-Einwohner-Stadt dehnt sich über eine Länge von 50 km am rechten Ufer des Amur aus. 1858 als militärischer Vorposten angelegt und später zum Verkehrsknotenpunkt ausgebaut, ist Chabarovsk heute ein Transitzentrum zwischen Europa und Mittelasien auf der einen und China und Japan auf der anderen Seite. Besonders auffällig im Straßenbild ist die Vielzahl an Japanern, die heute – anders als während des Bürgerkrieges – in friedlicher Absicht als Touristen kommen. Die »Hauptstadt des Fernen Ostens« liegt gerade 22 km von der chinesischen Grenze entfernt und ist nach dem russischen Forschungsreisenden Jerofej Chabarov benannt, der Mitte des 17. Jhs. hier ankam.

Mit dem Flugzeug erreichen Sie Chabarovsk von Moskau aus nach knapp acht Stunden (6980 km). (Q 5)

BESICHTIGUNG

Stadtpark Arboretum
Von einer Plattform auf dem Amur-Felsen bietet sich eine herrliche Aussicht über den Amur in die Weiten der Taiga. *Der Ul. Volochaevskaja nach Süden folgen; tgl. 9–18 Uhr*

MUSEEN

Heimatmuseum
Beispiele von Flora, Fauna und Bodenschätzen des Fernen Ostens sind hier versammelt. Daneben dokumentiert das 1896 gegründete Museum die Geschichte der Korjaken und ande-

rer früher Völker der Region. Von hier aus haben Sie eine prächtige Aussicht auf den Zusammenfluß von Amur und Ussuri. *Ul. Schevtschenko 21, tgl. 10 bis 18 Uhr, außer Mo*

Kunstmuseum
Der Fundus umfaßt eine alte russische Ikonen-Sammlung, aber auch moderne Malerei aus Rußland und Westeuropa, darunter Stiche von Dürer und ein Selbstbildnis Rembrandts, zudem ethnographische Exponate aus der Region. *Ul. Frunse 45, tgl. 9.30 bis 18.30 Uhr, außer Mo*

RESTAURANTS

Entlang der *Ul. Karla Marxa* finden Sie zahlreiche kleinere und teils preiswerte Gaststätten, wo Sie bei warmem Wetter auch im Freien sitzen können.

HOTELS

Intourist
Gutes Mittelklassehotel mit Restaurant und Bar. Ruhig gelegen, doch in unmittelbarer Nähe wird demnächst eine Baustelle für einen neuen Hotelkomplex sein. *Amurski Bul. 2, Tel. 33 76 34*

Turist-Hotel
Zwei km außerhalb der Stadt gelegen, aber gut zu erreichen. *Ul. Karla Marxa 67, Tel. 37 04 53*

EINKAUFEN

Alles Erforderliche für eine Taiga-Wanderung (s. S. 85) finden Sie *auf dem täglich stattfindenden Zentralmarkt*, selbst die sonst nirgends erhältlichen frischen Früchte. *Amurski Bul.*

IRKUTSK

Die Stadt mit 650 000 Ew. gilt als Hauptstadt Ostsibiriens. Irkutsk präsentiert sich heute als Zentrum für Industrie, Wissenschaft und Kultur. Das ganze Jahr über ist ein Besuch in der Stadt zu empfehlen – doch besonders schön ist Irkutsk im Winter.

Die Stadt liegt an der Mündung des Iskut und eines Nebenflusses der Angara und ist nur 65 km vom Baikalsee entfernt. 1661 wurde an dieser geografisch günstigen Stelle eine Kosakenfestung errichtet – guter Boden für Ackerbau, ausreichend Wasser und reiche Jagdgebiete lockten die Russen. Rasch entwickelte sich der Handel mit China und der Mongolei. Die begehrten Zobelfelle wurden gern in Vladimir und Moskau getragen. Heute geht der Export vom Sammelplatz Irkutsk aus zu den Versteigerungszentren in St. Petersburg, Leipzig und London. Ende des 17. Jhs. gab es gerade 1000 Ew., Kosaken, Handwerker, Kaufleute, Bauern, Verbannte – und einen Henker. 1886 erhielt Irkutsk die Stadtrechte. Der Ort hatte berühmte Jahrmärkte, wo sich russische und ausländische Kaufleute trafen. Durch den Bau der Transsibirischen Eisenbahn erlebte sie einen weiteren Aufschwung. Nach dem Revolutionsjahr 1917 war Irkutsk heftig umkämpft, ehe sich die Macht der Bolschewiki festigte. (N 4)

BESICHTIGUNGEN

Erlöserkirche
Die 1706 im Barockstil errichtete Kirche hat Außenfresken, die an die Christianisierung der Bur-

jaten erinnern. *Hinter dem ehemaligen Parteigebäude*

Kreuzkirche
Zwei Zwiebeltürme zieren den Bau aus der Mitte des 18. Jhs. Hier finden wieder regelmäßig Gottesdienste statt. *Ecke Ul. Lenina und Ul. Timirjasewa*

Weißes Haus
Die ehemalige Residenz des Generalgouverneurs aus dem 18. Jh., errichtet im russischen Empirestil, beherbergt heute die Stadt- und Universitätsbibliothek mit drei Mio. Bänden und Manuskripten. Hier befindet sich auch das *Historische Museum. Ul. Gagarina 24, tgl. 10–18 Uhr*

MUSEEN

Dekabristen-Museum
Das Museum ist im Haus von Sergej Trubezkoi, einem der Führer des Adelsaufstandes vom Dezember 1825, untergebracht. Hier findet sich eine einmalige Sammlung von Aufsätzen, Briefen und Erinnerungen der Männer, die nach der Niederschlagung des Aufstandes lebenslänglich verbannt worden waren. *Ul. Dsershinskogo 64, tgl. 10–18 Uhr, außer Mo*

Heimatkundemuseum
★ In diesem im maurischen Stil errichteten Gebäude wurde vor über 200 Jahren das erste Muse-

In der Einkaufsstraße zeigt sich das geschäftstüchtige Irkutsk

um Sibiriens eröffnet. Später kam ein moderner Gebäudekomplex hinzu. Hier werden frühgeschichtliche Exponate gezeigt. Der Besucher erfährt von den ersten Reisenden, die das Land zwischen Ural und Pazifik erschlossen. *Ul. Marxa 2, tgl. 10 bis 18 Uhr, außer Mo*

Kunstmuseum

Eine umfassende Sammlung der Werke russischer Maler des 18. und 19. Jhs. sowie Ikonen der Novgoroder und der sibirischen Malschule finden sich hier. *Ul. Lenina, tgl. 10–18 Uhr, außer Di*

RESTAURANTS

Fichtelberg

Ein Restaurant, noch von der DDR eingerichtet und unter russischer Führung. Hier gibt es bayerische Speisen und russische Küche. *Ul. Lenina 46*

Neijmengu

Chinesische Köche zaubern erstklassige Menüs in diesem Restaurant, die Bedienung spricht kein Wort Englisch. *Ul. Piatoi Armii 67, von 11–16 und wieder 18–23 Uhr, Vorbestellung erforderlich, einen Tag vorher hingehen*

HOTELS

Angara

Das Hotel verfügt über ein Restaurant. *Ul. Suche Batora 7, Tel. 4 41 68*

Intourist

Das größte Hotel am Ort mit Restaurants in zwei Etagen und russischer Sauna; Gerichte aus europäischer und sibirischer Küche. *Bul. Gagarina 44, Tel. 9 13 28*

ZIEL IN DER UMGEBUNG

Baikalsee

Eine gute Autostraße führt von Irkutsk nach *Listwjanka* (65 km), einer Siedlung von Fischern und Schiffsbauern. Im Sommer kann man mit einem Tragflügelboot vom Typ Raketa auf der Angara hier anlegen.

Von der Anhöhe des *Hotels Baikal* eröffnet sich ein malerischer Blick auf einen der ältesten Seen der Erde. Der Baikalsee – über 20 Mio. Jahre alt – ist 636 km lang, an der breitesten Stelle mißt er 80 km und ist mit bis zu 1700 m Tiefe der tiefste See der Erde. Über 500 Flüsse und Gletscherbäche münden in den See, der nur einen Abfluß hat, den Angara-Fluß.

★ Intourist bietet vom *Hotel Baikal (in Listwjanka direkt am See, Tel. 96 96 34)* aus eine 7-Tage-Wanderung an. Zum Training wird zunächst der *Tscherski-Berg* bestiegen, dann folgt eine 30-km-Strecke durch die kaum berührte Taiga in die ehemalige Goldsuchersiedlung *Bolschije Koty*, heute eine Forschungsstation. Danach geht es mit dem Motorboot nach *Kadilnaja Pad*. Dort führen erfahrene Jäger durch den »sibirischen Dschungel«. Übernachtet wird in zwei Jagdhäusern mit sibirischer Sauna. *Zu buchen über: Intourist Hotel Baikal* (N 4)

NOVOSIBIRSK

Novosibirsk – Neusibirien – ist eine junge Stadt. Der Ort entstand, als für die Transsibirische Eisenbahn eine Brücke über den Fluß Ob gebaut wurde. Das war 1893 – 1993 wird mit großem

Pomp gefeiert. Bis 1924 hieß die Stadt noch Novonikolajiev – nach dem letzten Zaren. Seit der Jahrhundertwende entwickelte sich der Ort zu einem bedeutenden Industrie- und Handelszentrum mit heute 1,8 Mio. Ew. Von der Flächenausdehnung ist sie die drittgrößte Stadt Rußlands, ein Beispiel für die monumentale Stadtgestaltung mit breiten Straßen und riesigen Plätzen. Die Hauptstraße, der Krasny Prospekt, ist 10 km lang.

Novosibirsk gilt als das Herz Sibiriens. Die Stadt ist ein industrielles, wissenschaftliches und kulturelles Zentrum. Der Abbau der nahe gelegenen Kohlevorkommen ist einer der Hauptindustriezweige. Außerdem gibt es Dutzende von Großbetrieben mit Maschinenbau, Leicht- und Nahrungsmittelindustrie sowie Chemiewerke, 13 Hochschulen, ein Konservatorium und eine Universität. (I4)

BESICHTIGUNGEN

Bahnhof

★ ⦿ Der Bahnhof gilt als größter seiner Art in Rußland und ist im Stil der Jahrhundertwende errichtet. Ein Knotenpunkt für Reisende auf der Transsibirischen und der Turkestan-Sibirischen Eisenbahn. *Voksalnaja Magistral*

Gemäldegalerie

Hier findet sich eine umfangreiche Sammlung russischer Malerei des 19. Jhs. Einen Namen hat sich die Galerie vor allem mit 60 Gemälden des russischen Malers Nikolai Roerich (1874–1947) gemacht, die er der Galerie gestiftet hat. *Ul. Swerdlowa 13, tgl. 11 bis 19 Uhr, außer Di*

MUSEUM

Heimatmuseum

Die Dokumente und Fundstükke machen mit der historischen und ethnographischen Entwicklung Westsibiriens sowie mit Flora und Fauna bekannt. Im Mittelpunkt der Sammlung steht ein vollständig erhaltenes Skelett eines Mammuts, das 1939 gefunden wurde. Das Tier soll vor 20 000 Jahren in der Region gelebt haben. Viele Exponate geben einen Eindruck vom Bau der Transsibirischen Eisenbahn. *Voksalnaja Magistral 11, tgl. 11–19 Uhr, außer Mo*

RESTAURANT

Sobek-Café

⦿ Kleines von Koreanern betriebenes Café, u. a. mit vegetarischer Küche. *Ul. Dostojevskogo 19, Metro Krasny Pr., Tel. 20 58 67*

HOTELS

Novosibirsk

Verwechseln Sie dieses neue Hotel nicht mit dem gleichnamigen alten Hotel. Hier gibt es ein Restaurant mit guter einheimischer Küche. *Voksalnaja Magistral 1, Tel. 20 11 20*

Sibir

In diesem kürzlich eröffneten Hotel bringt Intourist seine Gäste unter. Das Restaurant soll einmal das erste europäische in der Stadt werden. *Ul. Lenina 21*

Zentralnaja

Das Hotel besteht aus drei Gebäuden, u. a. dem alten Hotel Novosibirsk. *Krasny Pr. 76, Tel. 22 13 66*

ZIELE IN DER UMGEBUNG

Akademgorodok

Das Akademikerstädtchen liegt in der Taiga am Ufer des *Obsker Meeres*, eines Stausees. Hier haben einst Tausende Wissenschaftler an Großprojekten für die Umgestaltung Sibiriens und die Nutzung seiner Reichtümer gearbeitet. Der Ort war 1957 geschaffen worden. Hier können Sie die Ruhe, den Wald und das ungestörte Vogelzwitschern genießen. Karten des Ortes erhalten Sie im Buchladen »Zentralnaja Dom Uniga« am Pl. Lenina in Novosibirsk. *30 km südlich von Novosibirsk am Ufer des Obsker Meeres* (I 4)

Freilichtmuseum

Mit Funden der Vor- und Frühgeschichte und einer ethnographischen Sammlung. Es schließt sich ein botanischer Garten an. *Am Rande von Akademgorodok, tgl. außer Fr geöffnet* (I 4)

Sibirien bedeutet nicht immer Eis und Schnee: Der Ob lädt zum Baden

Von Auskunft bis Zoll

Adressen, Tips und Wissenswertes für die Reise

AUSKUNFT

Intourist-Reisen GmbH
Stephanstraße 1, 6000 Frankfurt/ Main 1, Tel. 0 69/28 57 76;
Kurfürstendamm 63, W-1000 Berlin 15, Tel. 0 30/88 00 70;
Unter den Linden, O-1080 Berlin, Tel. 0 30/2 29 15 85;
in Österreich:
Schwedenplatz 3/4, 1010 Wien, Tel. 01/63 95 47;
in der Schweiz:
Usteristraße 9, 8050 Zürich, Tel. 01/ 2 11 33 55

Botschaft der Russischen Föderation
Waldstraße 42, Postfach 20 09 08, 5300 Bonn 2, Tel. 02 28/31 20 86/ 7, Konsularabtlg.: Tel. 02 28/ 31 20 83 und 31 20 89
Botschaft Außenstelle Berlin:
Unter den Linden 63, O-1080 Berlin, Tel. 0 30/2 29 11 10, Konsularabtlg.: Reichensteiner Weg 34–36, W-1000 Berlin 33, Tel. 0 30/ 8 32 70 04/5
Generalkonsulate:
Am Feenteich 20, 2000 Hamburg 76, Tel. 0 40/2 29 53 01
Seidlstraße 28, 8000 München 2, Tel. 0 89/59 25 03
in Österreich:
Reisnerstraße 45–47, 1030 Wien, Tel. 01/73 12 15
in der Schweiz:
Brunnadernrain 37, 3006 Bern, Tel. 0 31/44 05 66

Diplomatische Vertretungen in Moskau
Botschaft der Bundesrepublik Deutschland:
Bolschaja Grusinskaja 17, Tel. 2 52 55 21/-25
Botschaft der Republik Österreich:
Starokonjuschennyi Pereulok 1, Tel. 2 01 73 07/17
Botschaft der Schweiz:
Pereulok Stopani 2/5, Tel. 9 25 53 22, 9 25 52 89

AUTO

Vorsicht und Konzentration sind beim Autofahren mehr als ratsam. Schlaglöcher sind auf vielen Strecken die Regel, Gegenstände auf der Fahrbahn keine Seltenheit. Besondere Vorsicht ist an Bahnübergängen und bei Kanaldeckeln geboten. Außerhalb von Ortschaften sind Bankette unbefestigt. Lkws haben oft keine Schutzbleche gegen Steinschlag. Abstand halten! Nachtfahrten sollten Sie möglichst vermeiden.

Nehmen Sie wichtige Ersatzteile mit: Keilriemen, Zündkerzen, Glühbirnen, Motoröl, Ersatzreifen und Scheibenwischer. Russische Autofahrer entfernen bei trockenem Wetter ihre Scheibenwischer, um Diebstahl vorzubeugen.

Kraftstoff ist Mangelware. Daher nutzen Sie jede Gelegenheit, nachzutanken und auch den Reservekanister zu füllen. Bleifreier Kraftstoff ist derzeit nur an drei Devisentankstellen in Sankt Petersburg erhältlich: *Pulkovskaja Shosse 34 A; Moskovskij Prospekt 100; Maly Prospekt 6.*

Bei Unfällen muß die Miliz verständigt werden, ebenso die staatliche Versicherungsgesellschaft *Ingosstrakh, Pjatnizkaja Ul. 12, 113 035 Moskau, Tel. 00 95/ 2 33 20 70, 2 31 74 37.* Bei Pannen hilft *Intourist Moskau, Prospekt Marxa 16, 103 009 Moskau, Tel. 00 95/2 92 22 60.*

BANKEN – GELDWECHSEL

In Filialen der Außenwirtschaftsbank – *Vneshekonombank* – und den meisten Intourist-Hotels ist Geldwechsel möglich. Dort werden auch Reise-, in selteneren Fällen auch Eurocheques akzeptiert. Zollerklärung und Paß nicht vergessen. Deutsche Mark und US-Dollar werden bevorzugt. Wegen des Kursverfalls der russischen Währung sind Tauschraten nur annähernd anzugeben: 1 Mark = ca. 100 Rubel, 1 US-Dollar = ca. 150 Rubel. Schwarzmarkttausch wird oft angeboten, ist jedoch illegal. Rücktausch ist lediglich am Abreisetag am Flughafen möglich. Nur offiziell erhaltene Rubel dürfen rückgetauscht werden.

CAMPING

Das Land verfügt nur über wenige Campingplätze, ihre Zahl nimmt jedoch zu. Die Plätze müssen wie Hotels im voraus gebucht werden. Internationale Campingplätze gibt es in Kaliningrad, Kursk, Novgorod, Pjatigorsk, Rostov-na-Donu, Sankt Petersburg, Smolensk und Tver (Kalinin). Die Plätze sind in internationalen Campingführern verzeichnet.

EINREISE

Visa erteilen Botschaften und Konsulate. Dazu sind ein ausgefüllter Antrag, den Sie von den gleichen Stellen erhalten, drei Paßfotos und die Kopie des Reisepasses erforderlich. Auch müssen die zu besuchenden Orte angegeben werden. Der Antrag sollte mindestens drei Wochen vor Reisebeginn eingereicht werden. Privatreisende zahlen 40 Mark Visumgebühr.

FOTOGRAFIEREN

Filme und Videokassetten sind teuer, wenn überhaupt erhältlich. Daher ist es auf jeden Fall ratsam, eine ausreichende und wegen der Einreiseformalitäten angemessene Menge an Material mitzunehmen.

Die früheren Beschränkungen beim Fotografieren sind weitgehend aufgehoben. Doch das spricht sich erst langsam herum. Auch in Rußland ist es verboten, militärische Anlagen aufzunehmen. Fabriken, Sowchosen und Kolchosen dürfen nur mit örtlicher Genehmigung fotografiert werden.

In manchen Museen und Galerien ist das Fotografieren mit Blitzlicht verboten, in anderen jegliches Fotografieren.

MEDIZINISCHE HILFE

Ambulante Versorgung bei kleinen Problemen ist kostenlos. In Hotels sind die Etagenfrauen behilflich. Krankenhäuser entsprechen im allgemeinen nicht westlichen Standards. Medikamente sind kaum erhältlich. Daher unbedingt benötigte Arzneimittel mitnehmen. Außerdem ist es ratsam, eine Reisekrankenversicherung abzuschließen.

PAUSCHALREISEN

Derzeit noch die einfachste und preiswerteste Art einer Rußlandreise. Reiseveranstalter sind u. a.:

DER – Deutsches Reisebüro
Eschersheimer Landstr. 25–27, 6000 Frankfurt/M., Tel. 069/15660, Fax 069/1566415

GeBeCo-Reisen
Holzkoppelweg 19a, 2300 Kiel 1, Tel. 0431/546570, Fax 0431/5465757

HANSA-Tourist
Hamburger Str. 132, 2000 Hamburg 76, Tel. 040/291820, Fax 040/29182221

OLYMPIA-Reisen
Schlüterstr. 44, 1000 Berlin 15, Tel. 030/8842 8233, Fax 030/8825681
Siegburger Str. 49, 5300 Bonn 3, Tel. 0228/400030, Fax 0228/466932

in Österreich:
Österr.-Sowjet. Gesellschaft
Brahmsplatz 8, 1040 Wien, Tel. 01/50567940, Fax 01/5056263

in der Schweiz:

Die Transsibirische Eisenbahn: Moskau – Vladivostok in 6 Tagen

Cosmos AG
Missionsstr. 55, 4055 Basel, Tel. 061/445656, Fax 061/445590

POST UND TELEFON

In größeren Hotels finden sich Poststellen, wo Postkarten, Umschläge und Briefmarken zu kaufen sind. Manche Postkarten sind mit einem Vermerk versehen, wonach diese nur in einem Umschlag versendet werden dürfen. Briefe können bis zu zwei Wochen unterwegs sein, auch innerhalb Rußlands. Bei Briefen ins Ausland sollte das Zielland in kyrillisch geschrieben werden.

Telefonieren ist Geduldssache. Oft dauert die Vermittlung eines Auslandsgesprächs einen Tag oder länger. In Hotels werden Telefonate ins Ausland oft in Devisen abgerechnet. Ortsgespräche sind gratis. Die meisten Hotelzimmer können direkt angewählt werden. Hier liegen auch Listen mit wichtigen Vorwahlnummern aus: Öffentliche Telefonzellen sind oft defekt.

Wichtige Telefonnummern: 01 (Miliz), 02 (Feuerwehr), 03

(Ambulanz). Durchwahl nach Deutschland 8-10 49; Österreich und Schweiz 00 49

STRASSENNAMEN

Russische Straßen- und Städtekarten waren immer schon unzuverlässig. In vielen Orten werden derzeit Straßen umbenannt, um die Erinnerung an die kommunistische Zeit zu tilgen. Das schafft selbst für die Einheimischen Probleme. Bei Verabredungen bleibt nichts anderes übrig, als neue und alte Namen von Straßen, Plätzen und Haltestellen zu notieren.

STROM

Die Stromspannung beträgt im allgemeinen 220 V, die Mitnahme eines Universaladapters ist ratsam – vor allem für den unerläßlichen Tauchsieder.

TRINKGELD

In seltenen Fällen werden bereits 10 Prozent Bedienung in Restaurants berechnet. Häufiger schon bedienen sich die Kellner ungefragt (»Leider kein Wechselgeld«). Obwohl Trinkgelder in der Vergangenheit verpönt waren, werden sie immer häufiger üblich und erwartet. In muslimischen Gegenden allerdings wird Trinkgeld als Beleidigung empfunden, weil es die Gastfreundschaft verletzt. Auch werden Reiseführer eher peinlich berührt sein. Mit kleinen Mitbringseln oder Geschenken zeigen Sie Ihre Verbundenheit besser.

Kyrillische Schrift

Kyrillisches Alphabet und Transkription

Kyrillischer Buchstabe		Transkription	Kyrillischer Buchstabe		Transkription
А	а	a	С	с	s
Б	б	b	Т	т	t
В	в	w	У	у	u
Г	г	g	Ф	ф	f
Д	д	d	Х	х	ch
Е	е	e/je	Ц	ц	z
Е…	е…	jo	Ч	ч	tsch
Ж	ж	sch	Ш	ш	sch
З	з	ṡ	Щ	щ	schtsch
И	и		Ъ	ъ	»harte«
Й	й	i			Aussprache
К	к	l	Ы	ы	y
Л	л	l	Ь	ь	»weiche«
М	м	m			Aussprache
Н	н	n	Э	э	e
О	о	o	Ю	ю	ju
Р	р	r	Я	я	ja
П	п	p			

ZEITUNGEN

In einigen Städten und Regionen, in denen Rußlanddeutsche siedeln, erscheinen deutschsprachige Zeitungen in kleiner Auflage. Es gibt sie selten am Kiosk. Die Redaktionsadressen: »Nachrichten«, *Pl. 100-letija sodnja roshednija W. I. Lenina, Haus 4, Zi. 308, Uljanovsk, Tel. 31 20 14;* »Neues Leben«, *Bumashny Projesd 14, Moskau, Tel. 2 12 20 49;* »St. Petersburgische Zeitung«, *Bolschoj prospekt 83, St. Petersburg, Tel. 2 17 59 12,* »Zeitung der Wolgadeutschen«, *Saratov, Tel. 2 13 12.*

ZOLL

Bei der Einreise muß eine Zolldeklaration ausgefüllt werden, die gemeinsam mit einer zweiten Deklaration bei der Ausreise vorgelegt wird. Das muß sein, auch wenn die Zollbeamten die Papiere nur selten prüfen, sondern mit allerlei Stempeln versehen und ablegen. Persönliche Utensilien sind zollfrei. Filmkamera, Kassettenrekorder und Mikrophon benötigen formell eine Zollerklärung. Devisen können unbeschränkt eingeführt werden, sind jedoch deklarationspflichtig.

WETTER IN MOSKAU

Die monatlichen Durchschnittswerte im Überblick

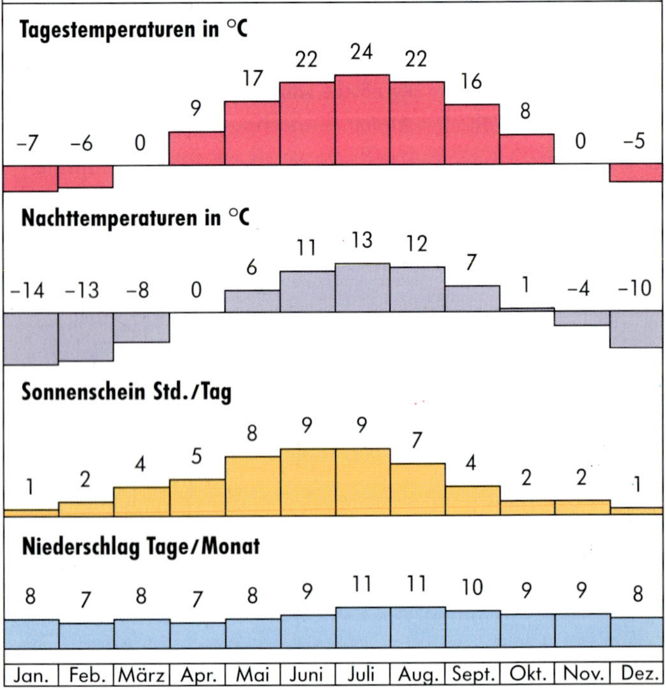

Bloß nicht!

Worauf Sie achten und was Sie meiden sollten

Anrede
Wenn der Reisende ein paar Brocken Russisch beherrscht, erleichtert das manchen Kontakt und schafft eine freundliche Atmosphäre. Benutzen Sie auf keinen Fall mehr die frühere Anrede *Towarischtsch* (Genosse). Russen haben selber noch Probleme, jeweils angemessene Bezeichnungen zu finden. Im Alltag werden auch ältere Leute oft mit »junger Mann« oder »Fräulein« tituliert. Höflich ist die Anrede *Gospodin* (Herr) und *Gosposcha* (Frau).

Auto
Lassen Sie niemals Wertgegenstände in einem geparkten Fahrzeug. Immer häufiger wird von Autoeinbrüchen berichtet. Parken Sie nach Möglichkeit über Nacht nicht auf öffentlichen Straßen, sondern besser auf bewachten oder verschließbaren Abstellplätzen, die von manchen Hotels angeboten werden.

Kirchen
Auch wenn es noch so heiß ist, betreten Sie orthodoxe Kirchen und Kathedralen nie leicht geschürzt. Die Gläubigen könnten daran Anstoß nehmen. Daher besser Schultern und Knie bedeckt halten.

Limonade
Russische Limonade ist für westliche Geschmacksnerven extrem stark gesüßt und löscht den Durst nicht. Die Wassergläser im Straßenverkauf sind of unappetitlich verschmutzt.

Schwarze Taxis
Neben staatlichen Taxis gibt es private Autobesitzer, die ihr Geschäft mit und ohne Lizenz betreiben. Meiden Sie solche Fahrzeuge möglichst. Wer dennoch darauf angewiesen ist, sollte unbedingt einen Festpreis vereinbaren. Obwohl häufiger russische Bürger, die aus dem Ausland heimkehren, Opfer von Überfällen werden als Touristen, ist eine Taxifahrt nicht immer risikofrei. Bevorzugen Sie Taxis, in denen neben dem Fahrer keine weiteren Personen sind. Frauen sollten bei Nacht nicht allein fahren.

Schwarzgeld
Professionelle Schwarzhändler kennen Tricks, denen der unkundige Ausländer oft hilflos ausgeliefert ist. Falsche Noten sind keine Seltenheit, und bei der Übergabe verschwinden gelegentlich Scheine. Schwarztauschen ist illegal und bietet wegen des ohnehin günstigen offiziellen Kurses keine Vorteile.

Was bekomme ich für mein Geld?

In einem Land, wo ein Universitätsdozent monatlich etwa 4000 Rubel (40 Mark) verdient und ein Kraftfahrer es auf 8000 Rubel bringt (80 Mark), besitzt westliche Währung geradezu magische Anziehungskraft. Das Zauberwort heißt Valuta und meint in der Regel Mark und Dollar. Wer den Auskünften Einheimischer nicht vertrauen will, kann den gerade geltenden Wechselkurs in dem Wirtschaftsblatt »Kommersant« — auch in englisch — nachlesen. Für den Reisenden mit harter Währung sind die enormen Preissteigerungen vor allem bei Gütern des täglichen Bedarfs fast bedeutungslos.

Doch die rasante Entwicklung läßt keine verläßlichen Angaben zu. Für 1 Rubel kann man eine Zeitung kaufen oder mit der Metro fahren, für zehn Rubel in seltenen Fällen noch ein Museum oder eine Galerie besuchen, mit einigem Glück noch Schallplatten und Bücher finden. Geldscheine gibt es im Wert von 1, 3, 5, 10, 25, 50, 100, 200, 500, 1000, 2000 und 5000 Rubel. Die drastische Inflation bringt es mit sich, daß riesige Geldmengen in Umlauf sind, Wechselgeld in Münzen jedoch rar ist. Es gibt Münzen zu 1, 2, 3, 5, 10, 15, 20 und 50 Kopeken. Es empfiehlt sich daher, Preise stets auf den vollen Rubelbetrag aufzurunden.

Bei Taxifahrten und in Restaurants wird von Ausländern oft erwartet, daß sie mit Devisen zahlen. Das sichert dann allerdings aufmerksame und gastfreundliche Bedienung. Ratsam ist, zuvor einen Gesamtpreis für alle Beteiligten auszuhandeln.

Tauschgeschäfte sind wegen des Warenmangels durchaus üblich. Westliche Zigaretten, bedruckte T-Shirts, Markentextilien oder auch Kosmetika sind beliebte Zahlungsmittel für Dienstleistungen aller Art.

Selbst in Orten, wo Sie mit Devisen bezahlen können, treten bei Kreditkarten häufig Schwierigkeiten auf, obwohl sich diese Zahlungsart immer mehr durchsetzt. Auch Eurocheques werden vielfach nicht akzeptiert. Da kann der Gebrauch von Kartengeld zuweilen Vorteile bringen. Wer heute kauft, aber erst Wochen später zur Kasse gebeten wird, dem kann der Währungsverfall durchaus Nutzen bringen.

Ein kleiner Nebenverdienst: Handgestrickt sind die Wollmützen mit Angora, die ebenso warm halten wie die Kopfbedeckungen aus Fell

In diesem Register sind die im Führer erwähnten Orte und Ausflugsziele, Sehenswürdigkeiten und Museen verzeichnet

Orte und Ausflugsziele

Sehenswürdigkeiten und Museen

75km
ČEREPOVEC
Suda
Korotovo
Bol.Novinka
Ust'užna
Vesjegonsk
Brejtovo
Gr'azovec
Vladyčnoje
254
Vochtoga
Buj
Galič
Makarjev
Kostroma
Pošechonje-Volodarsk
Rybinskoje vodochranilišče
Danilov
Sudislavl'
Ostrovskoje
Jurjevec
KOSTROMA
Zavolžsk
Kinešma
Višuga
Puče
RYBINSK
Tutajev
Nerechta
JAROSLAVL'
Furmanov
Krasnyj Cholm
Mologa
297
IVANOVO
Uglič
Rostov
Komsomol'sk
Šuja
Palech
Juža
Bežeck
Tejkovo
Makejevskoje
Kašin
Kal'azin
Volga
260
V'azniki
Kl'azma
R O S S I J A
Nagorje
Jurjev Pol'skij
Suzdal'
KOVROV
Goricy
Kušalino
Kimry
Pereslavl'-Zalesskij
VLADIMIR
Dubna
Aleksandrov
Kol'cugino
Murom
TVER'
E95
Konakovo
Kanal im.Moskvy
285
Kiržač
Gus'-Chrustal'nyj
Sergiev Posad
182
Dmitrov
ORECHOVO-ZUJEVO
Melenki
Klin
Rošal'
MYTIŠČI
NOGINSK
Šatura
Kasimov
Starica
Lotošino
MOSKVA
Ramenskoje
Serednikovo
Spas-Klepiki
Volokolamsk
L'UBERCY
Jegorjevsk
Zubcov
Šachovskaja
Voskresensk
Moskva
Meščera
PODOL'SK
KOLOMNA
Syčevka
Možajsk
E95
191
R'AZAN'
Oka
Chvoščevka
Oz'ory
Zarajsk
Silovo
Borovsk
287
SERPUCHOV
Kašira
Spassk-R'azanskij
289
Malojaroslavec
E30
503
Smolensko-Moskovskaja grjada
Pron'a
Nenaševo
276
Michajlov
M'atlevo
V'az'ma
Ugr'umovo
Aleksin
Skopin
R'ažsk
KALUGA
TULA
BOBRIKIJ
Donskoj
Aleksandro-Nevskij
Juchnov
Uzlovaja
Černava
Don
Ugra
Peremyšl'
Ščokino
Čaplygin
Meščovsk
368
Plavsk
Kurkino
Kozel'sk
Suchiniči
Dankov
Jerši
505
511
Bel'ov
287
Cern
Kirov
Jefremov
LIPECK
Desna
L'udinovo
Bolchov
Korsakovo
Mcansk
Chvastoviči
Novosil'
Jelec
Žukovka
Cementnyj
Znamenskoje
Verchovje
Chlevnoje
BR'ANSK
OR'OL
Srednerusskaja vozvyšennost'
Semiriči
Karačev
117
Livny
Zmijevka
Navl'a
Novosi'skoje
Kolpny
Volovo
Počep
Trosna
VORONEŽ
750
Semiluki
E93
Kastornoje
Komariči
Ščigry
Uneča
Trubčevsk
Chocho
Starodub
Fatež
Dimitriev-L'govskij
E95
KURSK
Tim
Sinije Lup'agi
Gremač
Seredina-Buda